河南省社会科学院哲学社会科学创新工程试点项目

中原学术文库 · 青年丛书

金融科技创新与演进

THE INNOVATION AND EVOLUTION OF FINTECH

乔宇锋 ／ 著

经济管理出版社
ECONOMY & MANAGEMENT PUBLISHING HOUSE

图书在版编目（CIP）数据

金融科技创新与演进/乔宇锋著 . —北京：经济管理出版社，2020. 11
ISBN 978 - 7 - 5096 - 7682 - 0

Ⅰ.①金…　Ⅱ.①乔…　Ⅲ.①金融—科技技术—技术革新—研究　Ⅳ.①F830

中国版本图书馆 CIP 数据核字（2020）第 237237 号

组稿编辑：申桂萍
责任编辑：申桂萍　王东霞
责任印制：赵亚荣
责任校对：陈晓霞

出版发行：经济管理出版社
　　　　　（北京市海淀区北蜂窝 8 号中雅大厦 A 座 11 层　100038）
网　　址：www. E - mp. com. cn
电　　话：（010）51915602
印　　刷：唐山昊达印刷有限公司
经　　销：新华书店
开　　本：720mm × 1000mm/16
印　　张：12. 25
字　　数：205 千字
版　　次：2020 年 12 月第 1 版　　2020 年 12 月第 1 次印刷
书　　号：ISBN 978 - 7 - 5096 - 7682 - 0
定　　价：68. 00 元

前　言

金融科技如今并不是一个新概念，而是一个进化的概念。自 20 世纪 50 年代以来，每十年都会出现颠覆性的新技术，这些技术改变了金融服务的运作方式以及与人们的互动方式，信用卡、自动取款机（ATM）、电子股票交易、电子商务都已成了人们习以为常的无数技术中的一小部分。新一代金融科技的出现，如移动互联网、云计算、人工智能、机器学习和区块链技术，使金融服务全面接入互联网，这些新技术正在给金融服务业带来重大的颠覆性变革，使竞争激烈的行业更加开放，并以十年前无法想象的方式赋予客户新的权利。金融实践中有时会将金融科技视为金融与科技的共同进化和融合，可能会令人们误以为对金融研究者和从业者而言，金融行业还是按照过去的方式运行的。实际上，虽然金融研究关注的重点仍是资产定价理论、现代投资组合理论和有效市场假说等成熟理论框架下的风险和回报，但传统上支撑金融学的一系列理论正面临着新的挑战。正如德鲁克所言，金融科技正在改变金融业赖以存在的"商业理论"和"思维模式"，传统的老牌金融服务公司、商业银行和保险公司都被迫重新思考它们在市场中的角色和经营活动，金融研究人员也需要反思金融科技创新对金融研究的影响。金融科技本质上是金融和科技的不断迭代创新和深度融合，这令人们不禁产生疑问，金融科技创新对金融理论研究有何启示？金融和科技领域是否需要更紧密的合作，以确保更大的相关性和市场影响？甚至还涉及一个更深刻的问题，金融科技本身是否代表了一门新的学科？由于新一代的金融科技仍处于发展的早期阶段，本书也没有办法回答或解决这些问题，但本书对金融科技做了综合性评述，对研究人员、大学生、行业从业者和决策者都具有一定的价值，可以作为了解金融科技生态系统的入门读物。

本书主要讲述的是金融科技的未来，也涉及了金融科技的历史，以及人们为使金融更加公平和更具包容性所做的事情和正在做的事情。在全球尚有数十亿人口无法获得传统金融服务的情况下，金融科技无疑提供了一个新的机会，使这些贫困人口可以参与金融生态系统并逐步摆脱贫穷。尽管金融行业一直在试图变得更加以客户为中心，却仍难以帮助到庞大客户群体中的每一位客户，在发展中国家更是如此。具体到我国而言，替代金融模式和金融科技带来的新工具正在改变传统金融服务，使越来越多的人能够获得金融服务。从更广阔的视角来看，金融科技也是实现可持续发展的必然选择。可持续发展包含了一系列广泛的目标，涵盖反贫困、生态安全、性别平等和普惠金融等。无论是发达地区还是欠发达地区，金融科技都为金融服务不足的客户提供了前所未有的机遇，拓展了合作范围，改变了传统的资本市场和金融市场。金融科技使市场、供应和货币的运作方式发生了根本性的变化，传统金融服务模式中那些规模较小、得不到充分服务的小微企业和普通消费者都得到了充分的金融授权。与此同时，传统金融机构所构筑的市场壁垒正在瓦解，它们也越来越依赖新的供应商和替代服务类型。因此，金融产品不应被孤立地看待，而应被视为支持人们生活的基本服务的一部分。这个观点意味着我们需要重新思考金融业应如何设计、激励和组织，并摒弃旧的供需思维模式。电子钱包、非中介支付、去中心化、生态系统和社区融资将从根本上改变我们感知使用价值和信任的方式，一个新的世界正在形成。

　　在内容结构安排上，本书重点介绍了金融科技如何改变人们与货币的关系，以及金融科技如何与宏观经济和社会变化一起改写现实中商业运作的模式，也介绍了金融机构在参与金融服务生态系统时需要采取的实际步骤，说明了金融行业本身和广大消费者如何从金融科技中受益。本书总体上可分为两个部分：上半部分主要介绍金融机构和金融科技的演变过程，以及金融科技为可持续发展和反贫困提供的新机会；下半部分探索金融科技条件下的消费者行为和社会发展趋势，以及金融机构如何调整业务和服务模式以适应由此产生的生态经济。本书既可以看作是金融科技的介绍和指南，也可以看作是对金融科技推动全球经济社会变革的评论。此外，本书每一章都可以交叉来看，不必受线性思维的约束。

目　录

第一章　总论

金融科技（Fintech）是技术驱动的金融创新，核心是利用新兴技术改造或创新金融产品、经营模式和业务流程。金融科技最早可追溯至20世纪90年代初的"金融服务技术联盟"，美国花旗银行启动的一个旨在促进技术合作的项目。我国"十三五"规划纲要明确指出，全球信息化将进入全面渗透、跨界融合、加速创新、引领发展的新阶段。以移动互联网、大数据、区块链、人工智能为代表的新兴技术在金融科技中的广泛应用，有效地提升了金融服务能力和效率，降低了金融交易成本，拓展了金融发展的广度与深度，极大地改变了金融行业的业态与运行机制。金融科技提供了以客户为中心、能够将原则性和灵活性结合起来的金融服务，因此获得了飞速的增长和全球范围的蔓延，在金融及其基础设施运作中不断发挥着重要作用，并引起了全球金融监管机构的深度关注。

一、金融科技的历史发展轨迹

（一）金融科技的定义

金融科技是两个领域的耦合，即金融行业和基于先进技术的行业。由于金融科技涉及的业务多样，现有研究文献对金融科技的定义并不统一。《牛津字典》将其定义为"计算机程序和其他用于支持银行和金融服务的技术"，维基百科将其定义为"基于软件提供金融服务的业务"。目前，大多数金融科技公司相对传统金融机构都是初创企业，其创立的目的也多是希望能够颠覆和改变现有金融服务体系。本书认为，金融科技的定义应包含两个方面：①利用金融领域的 ICT 创新商业模式；②使用新的金融科技支持所有金融服务组织重塑金融行业。提出这两个方面主要是考虑到定义的主题和范围，金融科技创新不是一个只有初创企业组成的生态系统，创新是一个相对的概念，传统的金融机构也可以利用金融科技进行转型。

金融科技涵盖的范围很广，举例来讲：支付宝改变了传统的支付方式，实现了无现金交易；Lending Club 的 P2P 借贷平台让贷款变得更容易且投资回报更高；Kickstarter 众筹平台大大降低了初创企业的融资门槛；Wealthfront 智能投顾平台通过金融和自动化技术融合实现了复杂的资产管理算法。这些例子表明，初创金融科技公司的更具创新性和以客户为中心的商业模式，威胁着传统的金融机构和商业模式，传统金融服务迫切需要重新审视商业模式并改变策略，才能在市场上提升竞争力。需要深刻认识的一点是，金融业不同于其他行业，不但受到严格的监管，而且主要由几家大型公司组成，金融科技初创企业想要取得突破并不是那么容易。在随后的几章中，本书也会讨论金融科技创新面临的主要障碍和可能取得突破的方向。

（二）金融科技发展史

从创新的角度来看，金融科技不是今天才有的，虽然它是一个相对现代的概念。金融科技最早可追溯到 19 世纪上半叶（Douglas et al.，2015）。1838 年电报的引入和 1866 年第一条跨大西洋电缆的成功建造，为 19 世纪末的金融全球化奠定了基础。金融业也是最早使用计算机的行业之一，世界上第一台商用大型机就是为银行制造的。1967 年 6 月 27 日，英国恩菲尔德市的巴克莱银行安装了世界上第一台自动取款机，这台机器允许人们通过电子通信设备进行金融交易。ATM是科技创新在金融领域的最初应用之一，通过在客户和金融机构之间引入自动化替代人工操作，为金融机构节省了大量经济成本，因此被认为是 20 世纪最伟大的金融科技创新之一。ATM 首先明确表明了金融和科技之间具有潜在的深层联系，标志着金融科技时代的开始。自此之后，金融与科技之间再无鸿沟。1987年是金融科技的一个转折点（Arner et al.，2015），手机的普及和"黑色星期一"股市暴跌，凸显了金融和科技之间的紧密联系与风险。程序化交易被公认为是股市暴跌的原因之一，引起了金融监管机构的注意。监管机构制定了新的规则，审查了薪酬协议，使之与相关金融产品保持一致。为了控制股市价格变动的速度，纽约证券交易所引入了熔断机制，并进一步限制了程序化交易。

20 世纪 90 年代，随着互联网和移动通信技术的发展，金融科技开始从模拟技术转向数字技术。电报在被传真取代后，又被电子邮件和即时消息所取代。美国富国银行（Well Fargo）和荷兰国际集团（ING）在欧洲的首次互联网银行试验，标志着金融科技正式步入新阶段。与此同时，花旗集团发起了一个旨在促进和外部技术合作的项目"金融服务技术联盟"，Fintech 是它的合成名称，如今 Fintech 的范围已经改变了，不再代表特定的计划或组织。自 21 世纪初开始，与金融业相关的内部和外部流程已全面向数字化转型。手机从根本上改变了许多客户选择金融机构的方式，传统金融机构面临着来自金融科技初创企业的直接挑战。金融科技的迅速蔓延，深刻影响并改变了传统的金融生态体系。2009 年中本聪（Satoshi Nakamoto）推出了名为比特币的新型数字加密货币，它实现了在没有中央银行或其他中介机构参与情况下的去中心化交易。目前，金融科技的创新速度非常快，未来增长极具空间。金融科技提供了基于科技的价值主张，能够支持和增强金融业发展，甚至推动某些方面出现颠覆性创新。

金融科技的发展历程可以分为三个不同的阶段。从 1866 年至 1967 年，可谓金融科技 1.0 时代，虽然金融与科技开始紧密相连，但在公众印象中仍是一个模拟行业；从 1967 年开始至 2008 年全球金融危机，可谓金融科技 2.0 时代，用于通信和交易处理的数字技术的不断发展将金融业从模拟行业转变为数字行业，到 1987 年金融业已高度数字化、全球化，在此阶段，传统的金融机构主导着金融科技创新；自 2008 年至今，可谓金融科技 3.0 时代，成熟的科技公司和金融科技初创企业开始直接向客户提供金融产品和服务。伴随着工业 4.0 的到来，制造业的计算机化允许以前所未有的规模进行数据收集、集成和分析，金融科技 4.0 时代似乎已初见端倪。从技术角度看，金融科技解决方案更加系统化；从行业角度看，金融机构已能够将金融科技创新整合到已建立的金融生态体系中。随着金融科技初创企业数量和成熟度的增长，它们将与传统的工业制造商建立更多的联系，在金融科技 4.0 的场景中也可能会出现新的技术威胁，最有可能发生的就是系统接口之间的网络漏洞。

（三）金融科技生态体系

全球金融科技市场正经历两个关键方面的增长：投资规模和市场规模增长。根据毕马威发布的《金融科技脉搏2018》报告，2018年全球金融科技投融资次数为2196起，同比增长1.4%，但金额达到1118亿美元，同比增长了120%，并且这些数字不包括传统金融机构的金融技术创新。这些数据表明金融科技是当下的热门投资领域，已经从颠覆性创新的源头逐渐成长为一个新的独立行业。此外，从投资规模和未偿还增长率看，金融科技创新仍远未成熟，还要经历漫长的发展阶段。

世界知名咨询公司安永（Ernst & Young）调查认为，目前全球金融科技已构成生态体系，这一生态系统包含了五个核心属性：①需求，客户对金融机构的需求是其中的关键因素；②人才，金融和科技创新人才的获得性；③资本，为金融科技初创企业或内部项目提供的资金支持；④政策，金融监管机构的创新政策和监管措施；⑤解决方案，金融科技所引入的新技术、新产品、新服务和新流程。从一般角度来看，商业生态系统是以相互作用的组织和个体为基础的经济群落，随着时间的推移，它们共同发展自身能力和作用，并倾向于按一个或多个中心企业指引的方向发展自己。该共同体为客户生产有价值的产品和服务，客户本身也是生态系统的组成要素。从价值链角度看，生态体系是供应商、生产商、销售商、市场中介、投资商、政府、消费者等以生产商品和提供服务为中心的群体组成的，这些群体担当着不同的功能，各司其职，但又互利共存。在商业生态系统中，虽受不同的利益驱动，但身在其中的组织和个人互利共存，资源共享，注重社会、经济、环境综合效益，共同维持着系统的延续和发展。理解金融科技生态系统的组成，需要从与利益相关者相连的子系统角度出发，并弄清楚五个核心属性之间的关系，如图1-1所示。从图中可以看出，需求属性是客户、金融机构、初创企业和政府之间协同作用的结果；人才属性取决于教育机构、金融科技公司以及与此高度相关行业的成熟企业；政策属性不仅指具体的政策环境，还包括税收优惠政策和金融监管政策；解决方案属性则取决于金融科技公司和学术界。资本属性较为复杂，通常取决于三类投资者：第一类是天使投资者，通常在初创企业生命周期的早期启动阶段进行投资，并换取股权；第二类是风险投资（VC）即创投，通过向无法进入股市的成长型公司提供资本和一般支持，为创新型公司的增长提供资本；第三类是首次公开募股（IPO）投资者，主要为首次公开发行股票的公司提供资金。金融科技初创企业能否从生态系统中获益，不仅取决于公司从商业生态环境中获利的具体结构和能力，还取决于整个生态系统中不同组成部分之间连接渠道的有效性。

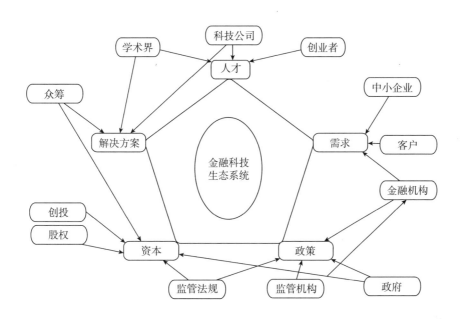

图1-1 金融科技生态系统核心属性关系

尽管创新会给整个行业带来好处，但这并不意味着创新是百利而无一弊的，颠覆性的创新往往自带破坏性，一些潜在的问题也需要注意。对金融科技创新而言，环境因素可能会使潜在的负面影响变得更为严重：首先，金融科技创新为金融系统带来了新的风险敞口，金融科技创新和数字化转型使金融机构与外部具有更多的接口，随着技术的进步，网络黑客的能力和资源也在提升，如前所述，网络接口的泄露风险威胁着整个行业。其次，金融科技与金融监管之间存在深层次风险（Wehinger，2011），由于金融科技对金融行业的颠覆性创新，各国金融监管机构和相关国际组织都将金融科技创新列为主要监管对象，如果金融科技公司、金融产品和服务、监管者之间没有高水平的协调和互动，无疑会阻碍甚至扼杀一些金融科技的发展。最后，传统金融机构是否接受金融科技创新带来的文化挑战，没有创新就没有风险，但没有创新也没有发展，传统金融机构对金融科技创新的态度往往决定着其未来的市场竞争优势。

二、金融科技的内涵与逻辑

金融科技不仅是范式与结构的革新，还是一种全新的范式，它从根本上改变了顾客的期望和参与。目前金融科技还是一门全新的学科，它的含义完全是开放性的，学界对于金融科技还没有明确一致的定义，现有文献主要有三种看法：①金融科技是金融和科技相融合而产生的新业务模式，包含数字加密货币、P2P、众筹及智能投顾（Robo – Advisor）等；②金融科技是一种对金融产生重大影响的科学技术；③金融科技所包含的创新范围较广，既包含前端的产品和模式，也包含后端的底层技术。

巴曙松等（2016）认为，金融科技是将科学技术应用于金融行业，服务于普罗大众，降低行业成本，提高行业效率的技术手段。巴塞尔银行监管委员会将金融科技分为支付结算、存贷款与资本筹集、投资管理、市场设施四类基本的业务模式。金融稳定理事会认为，金融科技是指技术带来的金融创新，它能创造新的业务模式、应用、流程或产品，从而对金融市场、金融机构或金融服务造成重大影响。实际上，金融业一直是全球信息技术产品和服务的主要购买者之一，金融科技并不是金融业本质上的新发展，也并不局限于特定行业或商业模式，金融科技涵盖了金融业提供的全部金融服务和产品。因此，上述三种看法均存在一定的片面性：第一种看法过于强调新的业务模式，而忽略了金融科技以科技作为支撑的事实；第二种看法过分突出技术因素，而忽略了金融科技本质上是要对金融业产生影响的事实；第三种看法则可以理解为是对前两种看法的简单总结。

通过对大数据、区块链、人工智能、物联网、移动互联网和智能终端的有效利用，金融科技几乎能够即时获得或提供可用金融信息。金融科技企业通过不断参与"以创新去中心化"的过程，正重塑着整个金融行业。金融科技既不是互联网金融，也不是科技金融。金融科技利用新兴技术提升了金融的服务效率，创造了新的金融市场，形成了新的金融产品，拓展了新的金融需求边界，催生了新的金融商业模式，塑造了信用获得和风险评级的新的定价方式。从本质上看，金融科技的核心是金融与科技的相互影响与互动融合，它以前瞻性的战略和前沿的商业模式为后盾，为市场提供了创新的增值解决方案。从金融科技的本质出发，其内涵应具有以下特征：①以新兴科技为后端支撑；②以金融业务模式为应用对象；③以创新性为灵魂；④技术与业务高度融合；⑤后端技术交叉度高。现有常见金融科技的后端技术和业务模式分类如表1-1所示。

表1-1　常见金融科技业务模式分类

	大数据	区块链	人工智能	移动互联网
支付结算	点对点汇款	跨境支付、数字货币	智能支付系统	移动钱包
存贷款与资本筹集	信用评级、贷款清收	分布式清算机制	众筹	借贷平台
投资管理	大数据风控	区块链股权管理	智能投顾	线上理财、电子交易
市场设施	多维数据收集	分布式记账	多维数据处理	跨行业通用服务

传统金融机构的核心优势在于其庞大的客户基础、预测行业演变的能力以及对现行监管的了解，金融科技的关键优势在于不为现有金融体系所约束，一开始就致力于推动颠覆性创新。这种竞争优势的差异，说明尽管金融科技的本质在于金融，但金融科技的高速发展具有独特的逻辑机制。受金融科技的影响，银行、保险公司等传统金融机构也正在发生变化，但这只能缩小它们与金融科技初创企业之间的技术差距。Demertzis等（2018）认为，金融科技作为新商业模式与新技术相结合的产物，可能会极大地冲击现有提供金融服务的银行、交易服务提供商和市场组织者，并从根本上改变传统的金融中介形态。借助后发优势，金融科技初创企业有机会从头建立恰当的系统，并提供更为高效的运行架构，这也正是许多传统金融机构所欠缺的。受制于从未彻底改革过的旧惯例以及僵化的商业模式，传统金融机构变革和创新的道路上仍充满了障碍。

三、金融科技的机遇与风险

金融科技既包括数字化驱动的服务创新，也包括技术驱动的商业模式创新，同时加速了业务风险外溢。一方面，金融科技能够提高资源配置效率和服务能力，推动传统金融业快速转型；另一方面，金融科技创新（特别是颠覆性创新）随时可能改变现存的行业结构，淡化现有行业界限，加速策略性的金融脱媒，彻底改变传统金融机构开发和提供金融产品和服务的方式。由于金融科技背景下服务方式更加虚拟、业务边界逐渐模糊、经营环境不断开放，信用风险、流动性风险等传统金融风险呈现出外溢效应；金融科技在提升金融服务可获得性的同时，也会带来隐私、监管和执法等方面的重大挑战；在给金融业注入全新的活力时，也会带来潜在的风险。具体表现为：

一是跨界金融服务日益丰富，不同业务之间相互关联渗透，金融风险更加错综复杂，风险传染性更强；二是金融科技将业务流转变为信息流，在提升资金融通效率的同时，也打破了风险传导的时空限制，使风险传播的速度更快；三是部分金融科技创新产品过度包装，其风险被表象所掩盖，难以识别和度量，风险隐蔽性更大，传统的风控措施难以奏效。

金融科技是通过技术创新对金融行业产生影响的金融创新，技术本身既是金融科技发展的动力，也是金融科技的风险点，如数据泄露的技术风险、技术失控的风险。此外，除了技术本身还有提升的空间，监管人员也需要提升自身技术储备。金融科技的创新机制与原理完全不同于传统金融，现有的产品和业务模式的监管技术手段已不适用于金融科技，需要借助新的科技手段进行监管，才能提高监管的有效性。金融科技的监管者需要具备复合背景知识，除了要把握金融市场脉搏、熟悉监管政策和方针外，还要理解金融科技的技术逻辑。

金融科技降低了主流金融所具有的交易成本、风险、监管和信息不对称等风险因素，但也增加了金融机构的关联性和金融体系的复杂性，整个金融系统的联系更为紧密，任何风险都会通过金融科技快速传导到整个金融系统。因此，有必要重新构建金融监管范围，快速更新知识结构并培养一支强有力的监管队伍，加快推进金融监管体系改革，提升监管科技水平。

四、金融科技的未来趋势

伴随着第四次工业革命，金融科技在全球掀起了热潮，我国也不例外。特别是自 2016 年互联网金融的概念破灭以来，国内的互联网金融公司和传统金融机构都开始全面向金融科技靠拢或转型，这是因为金融科技比互联网金融具有更广阔的业务边界。对金融科技的未来发展，人们通常认为应把焦点放在研发新技术以及如何应用到金融创新上。现在的热点是区块链技术，世界各国著名的金融机构、科技公司甚至其他行业都在以不同方式研究区块链技术的创新与应用。目前区块链研究主要着力于开发一个将区块链技术应用于金融市场的框架，从而在全球金融网络中实现限时交易。研究分析表明，未来将出现更多基于区块链的交易平台，投资者可投资的对象、市场和时间将更为多元化，这有可能会颠覆传统金融市场。此外，区块链技术有可能会广泛应用于金融交易系统和业务流程优化，减少交易过程中的交叉验证、文件交换、不可篡改记账等，全面提高金融系统的运行效率。一般认为，区块链技术对经济、社会的最大贡献在于提高了价值链交易、记录的可行性。

金融科技的未来发展目前有两个方向：一是人工智能与机器学习，二是算法交易。人工智能是模拟和扩展人类智能的一门新科学，作为引领第四轮工业革命的关键技术，正成为全球科技竞争的制高点，也正在成为全球经济发展的新引擎和产业变革的核心动力，金融行业也不例外。人工智能在金融市场上的主要应用，就是用计算机代替人脑来进行分析并作出预测及决策，如通过学习金融市场各种数据的变化，设计和优化投资策略，按客户的需求提供实时的投资建议；甚至通过自然语言处理技术撰写分析报告，追踪市场动态，智能回答复杂金融投资问题，实现智能投顾。利用人工智能技术，能够快速识别异常交易和风险主体，检测和预测市场波动、流动性风险、金融压力、工业生产以及失业率等多维数据，发现可能对金融稳定造成的威胁。从金融监管的角度看，人工智能为提高金融系统的合规性和安全性提供了新的机会，并有可能实现对现有监管模式的颠覆性突破。人工智能的迅速发展和应用，有可能改变金融系统的许多方面，必将对市场的金融行为以及审慎监管产生重大的影响。人工智能提升了金融数据收集与风险控制的能力，降低了金融机构的运行成本和经营风险，也降低了整个金融系统的监管成本，为我国金融行业健康发展提供了新的路径。

算法交易是目前股市开始流行的程序化交易，根据一定的交易模型生成买卖信号，由计算机自动执行交易指令，主要交易形式有算法交易、高频交易、量化交易等。算法交易实质上是大数据分析，通过大数据分析工具和模型有可能实现无风险套利。算法交易一方面提高了交易效率，增加了市场流动性；另一方面也为操纵市场创造了客观条件。美国每天交易量的2/3都是由算法交易完成的，欧洲也达到了40%。但由于算法交易存在操纵市场的可能性，且在交易总量中占据显著地位，如果一旦被操纵将会出现灾难性后果，因此各国金融监管机构对此都高度关注。

上述的发展方向，都是从技术创新与应用的角度看待金融科技的未来，关注的重点是金融市场的供给端能为投资者和金融机构创新商业模式，提升金融服务的效率。从社会学和经济学意义上讲，金融科技的发展一定是为了让更多的人享受到更便捷的金融服务，也就是普惠金融和共享金融，利用"金融民主化"的成就为人类提供更美好的生活。

第二章 金融科技与金融发展

正如前言所述，金融科技正在不断重塑金融服务，不断创新前瞻性的金融战略和前沿的商业模式，为市场供给了更多以客户为中心且兼顾速度与灵活性的金融产品和服务。金融科技的发展是历史的，它的兴起取决于多种因素，既有如数字化转型等引起的供给侧因素，也有如随新生活模式而产生的需求侧因素。本章的目的就是分析金融科技的最新发展及随之产生的新的金融生态系统，为金融业的未来发展和演变奠定理论基础。

一、金融环境的新变化

随着金融科技的发展，全球金融业环境都发生了重大的变化，各国金融监管机构加强了金融监管的力度和范围，客户的市场行为也发生了变化，这些现象背后最重要的推动因素就是数字化。特别是 2008 年的金融危机引发了金融业的一系列重大动荡，人们因此意识到金融活动可能会产生系统性风险。金融监管部门为了缓解压力采取了多项强制性措施，比如巴塞尔银行监管委员会提高了准备金要求。监管政策的收紧给金融机构带来了沉重负担，直接结果就是迫使金融机构拨出更多的准备金，间接结果是社会舆论将金融机构当作金融危机的罪魁祸首。时至今日，虽然已经走出了金融危机的阴影，但是很多客户已经对传统金融机构失去了信心，特别是对金融科技更敏感的年青一代。在危机中，很多大的金融机构都是依靠大规模注资或财政资金的支持才得以幸免，人们不禁提出疑问，如果金融机构没有能力管理它们自己本应承担的风险，那为什么要将存款和保险托付给它们，为什么还要接受它们的财务建议？带着这种疑惑，人们逐渐开始抛弃传统的金融机构，希望看到新的、不同于以往的金融机构为他们提供新的金融解决方案。

伴随移动互联网和智能设备成长起来的年青一代，消费习惯和对金融服务的需求也与他们的长辈不同，互联网时代的到来使他们已经习惯了根据自己的需要获得个性化解决方案，传统金融机构大规模营销的方式已无法满足新一代人的需求。不同于老一代的客户，年青一代的客户是主动的，他们只是自己所选择的金融产品或服务的客户，不再被动地从有限的金融产品或预定义服务中进行选择。以资产管理为例，银行向最大数量的客户提供相同的储蓄产品，以提高规模效益，但客户希望获得适合个人需求和投资目标的定制化方案，二者之间出现了匹配鸿沟。为了解决这个问题，打造以客户需求为中心的产品和服务，就需要与客户进行密切互动，收集客户的海量数据，这一切都需要在数字化的基础上实现。

事实上，很多金融科技初创企业正是瞄准了年青一代，瞄准了他们习惯于数字化、互联网和定制化解决方案这一点。这种创新策略也有一定风险，年青一代所拥有的平均金融资产要比其他人群少，而金融科技初创公司的创新为了增加经济上的可行性，需要迅速吸引大量的金融资产，其中客户数量和客户的平均资产数量成为关键因素。如果年青一代的财富保持在较低水平，那么金融科技创新将难以实现盈利，随着时间的增长，金融科技公司的资产会与年青一代的财富同步增长，但初创企业能否坚持这么长时间，年青一代会不会改变消费偏好，也会造成很大的不确定性。以智能投顾为例，目前的解决方案只具有基础的功能，适合那些资产较少、希望避免高额银行费用的客户。而传统金融机构的目标客户往往拥有更多的资产，也需要更多的专业金融知识。如何实现目标客户和盈利目标之间的匹配，仍是金融科技创新需要重视的问题。与此对应，传统金融企业也必须不断发展，只有具备与金融科技竞争对手相同甚至更高水平的交互性和盈利能力，才能成功吸引到目标客户。诸如智能投顾之类的金融科技解决方案，其创新的目的都是改变客户关系，为金融领域提供新的方法。传统金融机构中，只有私人银行提供了类似的业务。可以想象在不久的将来，得益于金融科技的发展，越来越多的客户能够享受此类服务，创新和转型无疑是传统金融机构唯一的生存之道。

二、金融发展的新挑战

金融业的稳定对实体经济的顺利运转至关重要，其负外部性可能会对实体经济产生巨大的影响。2008 年的全球金融危机和 2011 年的欧洲主权债务危机，都表明了金融系统累积风险对实体经济的巨大破坏性，特别是对处于市场信息不对称劣势端的中小企业。在此之后，各国金融监管机构更加重视金融系统性风险，重点放在了三个方面：①偿付能力监管；②资本监管；③着力推进结构性改革。在此前的危机中，大量损失由各国政府或中央银行承担，如果没有财政资金的支持，金融机构所遭受的损失将是灾难性的，实体经济也会遭受重创。尽管如此，多数传统金融机构的盈利水平仍未恢复到危机前的水平。为了对抗盈利水平下降，传统金融机构首先采用了传统的方法——削减成本，减少员工数量和实体分支机构，降低运营费用和一般管理费用，如巴克莱银行在全球范围内裁减大约 1000 个投资银行职位、德意志银行解雇 9000 名固定员工和 6000 名合同工。通过削减成本，传统金融机构确实有可能恢复到危机前的盈利水平，但如何应对未来的挑战？总体而言，随着以稳定和防控系统性风险为主的新监管政策的制定和执行，以及金融科技创新导致的系统相关性不断加强，金融发展面临着新的挑战。

传统金融机构所面临的挑战和在危机中的重大损失，一般认为商业模式创新不足是其主要原因。传统金融机构的商业模式是为旧市场和老客户设计的，当市场和客户已然改变需求时，其商业模式仍是过时的，没有及时进行根本性的更新。虽然传统金融机构也不断试图与客户建立更加密切的关系，但由于金融理念的限制，其推出的产品和服务未能正确考虑客户的需求，仍然缺乏针对性的定制解决方案，分支机构和客服中心提供的服务效率依然低下，客户抱怨服务效率仍是常见问题。另外，传统金融机构对信用卡透支等常见业务，在技术难度越来越低的情况下仍收取高额费用。客户在金融业务中占据着主体地位，金融机构为了应对环境的变化，必须进行彻底的改革，打破旧的惯例和文化，减少信息不对称和代理成本。实际上，根据 Sieljacks（2014）的研究，通过实施以客户为中心的策略，可以获得可持续增长和高于平均水平的盈利能力。

总而言之，由于监管规定和客户需求重大变化，金融发展面临着新的挑战，金融产品的开发必须倾听客户的声音，改变吸引客户的方式。借鉴麦肯锡的客户发展项目建议流程，金融机构需要做到以下四个方面：①愿景和定位，创建一家客户愿意与之合作的机构；②客户服务模式，在客户期望的地方提供出色的客户服务，在客户不期望的地方让他们感到意外；③发展策略，制定综合发展策略以推动短期收益和长期增长；④组织能力，构建保持发展势头所需的组织治理能力。按照这样的思路，在现有技术条件下，应对金融发展新挑战最有力的手段就是数字化转型。整体而言，金融业在数字化方面较为落后，但在局部领域也有例外，比如高频交易和相关套利交易策略。利用数字化技术，投资者能够在极短的时间内监测市场价格的变化，并制定统计规则和构建套利策略，从而在非常短期的价格波动中快速进出头寸，在这种情况下，数字化能够实现以前所未有的速度处理一系列重复性任务。但遗憾的是，这种资产管理领域的金融服务实际上只影响了业务的生产，而对更普遍的业务分销没有太大影响，且由于服务价格高昂，对新进客户和普通客户并不友善。

　　如果将以高频交易为代表的金融业早期数字化视为第一阶段，目前数字化正不断与金融科技相融合并进入了一个全新的阶段。信息和通信技术（ICT）的发展，从生产端到销售端都为金融业带来了新的解决方案。新阶段的数字化提高了新解决方案的可用性，同时也改善了整个金融价值链，不仅能够使金融科技初创企业在金融业找到一席之地，增强行业的活力和流动性，也允许它们在占据市场利基产品的基础上，借助比传统金融机构更低的成本为年青一代提供定制产品和服务。新阶段数字化的表现首先是金融产品和服务分销方式发生了重大变化。长期以来，由于获取客户信息的成本较高，客户关系管理一直被认为是大型机构的专利。现在，无论是初创企业还是其他非金融实体（尤其是电子商务运营商）都可以利用新兴技术为潜在客户提供新的服务。客户更渴望购买的是个性化的产品或服务，而不是现成的预定义产品或服务，因此这些企业也可以更容易地建立客户基础。其次是生产端（特别是资产管理部门）越来越多地使用复杂的大数据分析和风险管理工具来创建新产品。通过统计推断客户的收入和支出水平，资产运营商可以计算出客户的储蓄能力，并提供合适的投资策略，这对大型客户群尤其有效，并且可以基于同一细分市场中现有客户的过去行为来模拟、预测新客户的行为，为提供个性化的方法和良好的客户体验奠定基础。

三、金融科技项目管理模型

金融科技通过科技创新提供了新的金融产品和服务，由于科技创新本身是演进的，随着技术的加速进步，金融科技也在加速创新。一方面，随着金融科技的应用普及，客户对金融科技的期望不断发生变化；另一方面，金融科技初创企业和成熟企业对金融科技的投入不断加大，这些都使人们需要深刻理解和分析金融科技项目管理中的关键因素。为了保证金融科技在创新过程中尽可能减少失败，本书借鉴了管理学中的关键成功因素（Critical Success Factors，CSF）模型。根据维基百科的定义，关键成功因素最初用于数据分析和业务分析，后来泛指组织或项目实现目标所必需的因素，这些因素对组织的运营及未来的成功至关重要，因此必须给予特别和持续的关注。因此，在金融科技的管理过程中，首要的就是评估其关键成功因素，并给出合理的关键绩效指标（KPI）进行度量。需要特别指出的是，关键成功因素与关键绩效指标具有明显的差异：关键成功因素是策略管理必需的因素，最核心的问题是"产品或服务能够给客户带来何种价值"；关键绩效指标则是管理量化目标或阈值度量工具，主要用于衡量组织或项目的战略绩效。

（一）关键成功因素模型

关键成功因素模型已有很多学者进行过研究，尽管绝大多数研究与金融科技无关，但"他山之石，可以攻玉"，这些研究成果为金融科技项目管理提供了很多有益的思路和方法。根据 ICT 项目的经验，金融科技项目中的关键成功因素通常有：客户参与度、团队成员对项目的积极态度、灵活的管理工具、成功的定义标准、遵守规划时间和预算、团队沟通和管理等。为什么有相当多的项目投入了大量资金，也使用了既定的方法和工具，最终却失败了？项目的成功或失败在很大程度上取决于有效的管理范围、成本和质量控制、时间节点规划等。这些因素可归结为项目领导力，主要包括四个方面：管理技能、项目经验、过程控制和管理风格。ICT 类项目的研究结果表明，项目的管理能力与项目绩效有很大的关联性。因此，金融科技项目管理需要项目团队的全体人员都掌握有效的领导技能，保证内部流程的畅通，同时还需要项目工作人员具有一定的相关经验，以保证项目能够充分实现既定目标。

为了保证金融科技项目的成功，需要在商业环境中明晰金融科技创新和系统组件能够为组织提供的竞争优势。金融科技项目的开发过程与 ICT 项目类似，也会经历被称为开发生命周期的过程，与传统的项目管理有很大的差异。传统的项目是一组相关活动的组合，这些活动在一定时间内消耗组织有限的资源，并且实现可度量的目标。从项目到概念发起、规划、计划开发、执行直至项目收尾，如果项目能够在成本估算范围内按时交付，并能够为相关利益者带来利润，这些项目通常就是成功的。仍以 ICT 项目为例，尽管 ICT 可以为组织提供商业竞争优势，且项目定义了良好的目标，但仍有近一半的 ICT 项目失败，究其原因，主要就是 ICT 项目中缺乏相应的管理和领导，传统的项目开发模式对 ICT 项目的开发来讲是狭隘和不完全适用的。

采用何种模式才能更好地完成金融科技项目，一种思路是采用 Nicoletti (2013) 提出的精益思维，该方法的重点是通过使用统计方法、团队参与和手工方法来改进业务流程，但金融科技项目中大量 ICT 技术的频繁使用，可能会使这种方法大打折扣。就项目开发模式核心而言，精益思维的目标是定义一种项目管理方法——精益和数字化，通过新方法实现业务流程的简化和数字化，从而减少成本、加速开发。但需要注意的是，精益方法是基于项目经验和现场实施的已有框架的，如果业务流程没有事先完成精简，那盲目的数字化只会减缓流程的速度并增加错误。在精益思维的方法路径下，关键成功因素模型的目的是优化业务流程，并考虑简化和重建业务流程，以这种方法进行的项目大多数情况下只对增值部分进行数字化。由于金融科技企业多是初创企业，Clarysse 和 Yusubova (2014) 提出的商业加速器是另外一种可以借鉴的思路，通过商业加速器为初创企业提供支付服务，能够帮助它们在发展的早期阶段取得成功，加速器的成功因素也可以将初创企业的失败最小化。对商业加速器而言，关键成功因素主要有三个：选择过程和标准、业务支持服务质量、商业网络广度。在金融科技项目的初创时期，一般的成功因素有低利润、轻资产、可伸缩、敢创新和易遵守，这也是一般所说的 LASIC 原则。

（二）金融科技 CLASSIC 模型

在 Lee 和 Teo 提出的 LASIC（Low margin、Asset light、Scalable、Innovative and Compliance easy）模型的基础上，考虑到金融科技以客户为中心的定位和金融监管的规制要求，金融科技项目的关键成功因素还必须包括"以客户为中心"和"金融安全管理"两项因素，即 Customer centricity 和 Security management，将这 7 个因素的首字母组合起来即为金融科技的 CLASSIC 模型，这些因素是保证金融科技项目能够实现预期目标的核心要素，下面分别对这些因素进行说明。

第一，以客户为中心的原则。德鲁克在管理实践中提出以顾客为中心的概念，并指出客户是决定企业是什么、生产什么以及是否繁荣的决定性因素，一个成功的企业不应该专注于销售产品，而是应该满足客户的需求。根据 Gartner 集团的研究结论，那些将一半以上的时间和精力投入到以客户为中心的营销流程和先进能力培养上的公司，其市场回报率至少比缺乏这些能力的同行业公司高出30% 以上。在金融科技项目实施中，以客户为中心意味着无论是物理还是虚拟接触点导航都要创建积极的客户体验，通过提供不同于竞争对手的极致体验，为金融科技创新和企业增加价值。

第二，低利润率原则。利润率是利润类别的一部分，计算方法是净收入除以总收入，或者净利润额除以总销售额。低利润率是成功的金融科技创新项目的一个普遍特征。在普遍推行免费经济模式的互联网经济时代，金融科技的大部分客户往往不愿意向任何类型的服务提供商付费。在选择合适的业务模式下，如果收入增长率足够高，随着时间的推移，即使增长率包含大量的波动，从估值角度看，企业的市值仍然可以达到较高的水平，而不会受到低利润率的影响。不可否认的是，采用低利润率策略，需要在网络效应爆发之前完成"初始临界质量"的积累，这是一个工作繁重且代价高昂的阶段，需要进行大量的客户营销和市场推广工作。一旦达到临界状态之后，企业的边际成本就变得很低（Rifkin，2014），而且已有的客户基础可以通过广告、订阅信息和客户数据分析等渠道的货币化形成新的利润增长点。因此从长期来看，金融科技项目的最初利润率似乎很低，但随着时间的推移和客户基数的增加，新的利润来源会不断形成，因此对金融科技项目应采用综合分析的方法和观点，更加重视客户的终身价值而非短期价值。

第三，轻资产或敏捷性原则。"船小好掉头"，在轻资产条件下，金融科技项目能够表现出与传统金融机构截然不同的敏捷性。敏捷性是指金融科技企业在不断变化的环境中成长壮大的能力，市场的变化往往是不可意料的，这种能力是一种能够快速响应市场变化并抓住机会的能力。在互联网时代的商业环境下，敏捷性对于企业创新和竞争绩效至关重要，对于服务业更是如此。敏捷性作为金融科技项目最具竞争力的工具之一，不仅能够帮助金融科技企业在市场上抓住行动的机会，也会促进金融科技企业不断改进并形成具有竞争力的能力和流程，从而在金融产品或服务、组织流程和业务模型中进行创新以适应不断变化的环境。通过敏捷性所形成的创新和业务扩展，不需要金融科技企业在资产上固定大量成本，这样就形成了较低的边际成本，反过来又允许企业具有较低的利润率，利用现有的基础设施可以最小化固定成本和初始设置成本，轻资产、敏捷性、低利润率这三者是相辅相成的。在本书中，轻资产更具有敏捷性的含义，它是一个目标，而不是一个单纯的手段。

第四，可伸缩性原则。可伸缩性指系统、网络、流程或组织处理越来越多的工作的能力，也是为了适应业务增长而挖掘的潜力。Staykova 和 Damsgaard（2015）认为，对企业来讲，可伸缩性使企业具有业务扩张和把握进入时机的能力，如果在最优的时间内没有进行扩张或缩减，就有可能会失去先前已获得的竞争优势。大多数金融科技企业都是初创企业，从小型企业起步意味着更需要具有可伸缩性才能充分享受到网络效应的好处。在具备可伸缩性的条件下，金融科技企业能够在不损害工作主动性、有效性和经济性的前提下实现有效扩张（甚至是收缩），同时在轻资产原则下的扩张，减少了对物理网点的需求，使企业更容易实现预定的扩张目标。此外，金融科技创新过程中还需要考虑创新技术本身的可伸缩性，以比特币为反面教材，虽然比特币本身是一项伟大的创新，但它的协议体系结构是很难实现扩展的，每秒有最高七笔交易的限制，导致它无法具有管理大量支付业务的能力，且囿于协议的设计和实现方式也无法改变这一缺陷。

第五，安全管理原则。安全管理是识别组织所拥有的全部资产（包括数据和信息资产），并为保护这些资产而编制、制定的各类文档、策略和程序。金融科技企业需要使用信息分类、风险评估和风险分析等安全管理过程来识别威胁、对资产进行分类，并对系统漏洞进行风险评级，最终实现有效的控制。对于金融产品和服务而言，通常的观点是，金融企业即使在最严酷的环境下也需要满足财产安全的需求，现有的研究已经对这些条件做了较为深入的研究，这些研究结论对金融科技项目也是适用的。同时，由于互联网和移动智能终端的普遍使用，安全成为目前客户最为关心的问题之一，金融系统更是如此。因此，金融科技项目必须采用合理且有效的程序保护好敏感数据和信息，无论法律如何规定，公司地处何方，都需要建立安全可靠的服务，这是金融科技项目生存的前提。在关键成功因素模型下，安全管理的基础是改善网络安全基础设施，其中较为典型的是美国商务部国家标准与技术研究院提出的私营和公共产业都应遵守的《网络安全框架》。该框架也是奥巴马总统在2013年国情咨文中提出的"改善关键基础设施网络安全"的核心部分，用于帮助美国在金融、能源、医疗保健和其他关键领域更好地保护信息和有形资产免受网络攻击。美国国家标准与技术研究院提供了一个由组织、监管机构和客户共同编制、指导、评估和改进网络安全的计划框架，不管网络风险或网络安全技术的规模和程度如何，允许组织应用风险管理的原则和最佳实践效果原则来提高安全性和风险弹性。金融科技项目也可利用该框架确定项目当前的安全水平，设定与业务环境相协调的安全目标，制定维护网络安全的有效计划，从根本上保护企业资产和客户隐私，最终形成以客户为中心的全面安全管理计划。

第六，创新原则。技术进步是创新的直接表现，从根本上决定着人类社会的长期生产率，也是一个国家和地区国际竞争力、人民生活水平和生活质量的根本性决定因素。一个成功的金融科技项目，需要在产品、流程、组织和商业模式上不断创新，特别是随着互联网和智能手机的普及，大数据分析、物联网、互联网社交、云计算、人工智能等领域有着大量潜在的创新机会。金融科技创新的目标通常包含两个方面：项目成功推进和差异化竞争。这两个方面既反映了创新的总体战略目标，也反映了创新发生时潜在的多样化社会环境（Baregheh et al.，2009）。此外，在创新中需要综合考虑不同方面的影响，将之归纳总结为内容一致的图表和文本定义，避免业务流程或商业模式的理解偏差。

第七，合规性原则。合规性意味着遵守项目相关的全部规范、政策、标准和法律，它描述了组织在努力确保自己意识到并采取步骤遵守相关法律和法规时所渴望实现的目标。对金融科技企业而言，金融监管的规则越来越复杂，潜在的成本也越来越高，监管和法律框架条件的改变对金融科技创新有明显的影响。在现代社会，由于文化、历史和金融体系的不同，每个国家和地区都有自己独特的金融监管制度，遵守所在国家和地区的法律规定是强制性的，任何企业无法选择是否执行。当金融科技项目在多个国家和地区的市场运作时，就要遵守不同金融监管机构实施的复杂且多层次的监管规定。为了在保持业务透明的同时，遵守越来越多的监管规范，金融科技项目必须采用日期已定和协调一致的合规性管制办法，从而保证在所有必要的规范得到遵守的情况下无须重复工作。从大的社会环境看，各国政府对金融行业和利益相关者的问责越来越严格，更注重保护客户数据隐私，企业需要遵守的规章、政策、法律和标准的数量不断增加，这些都增加了金融科技企业保证合规性的难度。诚然，金融体系的稳定和消费者保护对市场的运作至关重要，但严格的金融监管环境有利也有弊。在监管相对宽松的环境中，金融科技企业在合规性上需要付出的资源相对较少，从而鼓励了创新。有鉴于此，一些国家的金融监管机构正在从回顾性监管转向前瞻性监管（Arner et al.，2015），这无疑将为整个市场和经济带来好处，能够使市场变得更有效率和竞争力。本书认为，对金融科技的监管，应在保持金融稳定和消费者保护的同时，最大限度地利用市场机会，并在支付制度、语义规范等领域采用统一的国际监管方法，实现金融系统风险管理的最佳组合实践。

在本节的最后，为了从关键成功因素模型的不同角度比较金融科技，本书使用雷达图表示。如图 2 - 1 所示，图中每个辐条表示一个变量，辐条的数据长度与数据点的变量大小相对于所有数据点上的变量的最大值成正比。通过这种方式，就可以将金融科技项目的理想 CLASSIC 模型（图中用实线表示）与实际 CLASSIC 模型（图中用虚线表示）进行对比。

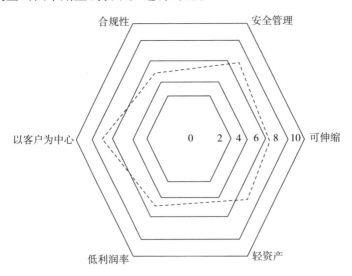

图 2 - 1　金融科技项目 CLASSIC 模型对比雷达图

注：创新是一个隐性指标，考虑 CSF 模型，此处不需加在图中。

四、本章小结

自 2008 年金融科技进入 3.0 时代以来，金融业经历了巨大的变化，传统组织与金融科技公司之间的技术差距越来越大，后者正不断利用技术优势占据核心竞争地位，获得了明显的市场竞争优势。特别需要说明的是，金融科技公司指的是金融行业中任何在业务中采纳了创新方法的公司，而不是仅指初创公司。总而言之，金融科技是金融业的颠覆性创新力量，它为客户提供了更好的定制化金融产品和服务，也能够支持多个合格供应商满足客户的需求，实现了金融产品和服务的个性化分析。而且，得益于分析优势，金融科技企业有机会创造出比传统金融机构更好的产品和服务，大大地提升了客户体验。实际上金融科技的关键点之一就是提供差异化的客户体验，这使它们在获客方面具有极大的优势。金融科技公司作为金融市场的新贵，利用消费者观念日益成熟和对传统金融机构信任下降的机会，推出了更具价格吸引力的产品，瞄准了现有服务不足的市场。在此过程中，金融科技公司使用了先进的技术和精益流程，通过创新的解决方案初步实现了市场扩张和销售升级。同时，也需要认识到的是，尽管金融科技正以惊人的速度增长，但在各国、各地区和各行业的发展并不平衡。如何更好地促进金融科技发展、如何理解金融科技创新的逻辑和路径、如何使金融科技满足绿色增长的需求，这些都是本书希望解决的问题和研究的目标。

随着第四次工业革命的深入，越来越多的金融科技公司开始涌现，无论是初创企业还是成熟企业，都投入了大量的资金和人力以促进金融科技创新，可以预见未来会有更多的资金和人力进入金融科技领域。为了提高金融科技创新项目的成功率，并从早期阶段识别出项目的不足，本章介绍了一种识别和度量金融科技项目的关键成功因素（CSF）模型。在关键成功因素模型的基础上，本章借鉴 ICT 行业的项目成功管理经验，将金融科技项目的关键成功因素概括总结为七个方面：以客户为中心、低利润率、轻资产、可伸缩性、安全管理、创新和合规性，并取其首字母将修正后的模型定义为 CLASSIC 模型。

第三章　金融科技创新

金融科技本身就从属于创新范畴，并且一直致力于利用创新改变金融行业，特别是利用互联网和移动渠道的新技术，消除传统金融机构的中介作用，为金融行业带来了革命性变化。根据金融科技在市场创新中的不同形式，可分为产品创新、过程创新、组织创新和商业模式创新，如表 3-1 所示。这一分类是本章的基础，移动智能终端、大数据分析、机器人和技术组织可认为是目前金融科技活动中该分类标准的典型案例。

表 3-1　金融科技创新分类

创新分类	创新案例
产品创新	移动智能终端
过程创新	大数据分析
组织创新	机器人
商业模式创新	技术组织

一、金融科技与数字化转型

对传统金融机构转型而言，一个重要的问题始终存在，即什么时候拥抱金融科技才最有意义。在金融科技和数字化转型中，通常需要考虑的主要因素有：以客户为中心、对数字化渠道和技术的关注、扩大和增强客户基础。一些金融机构认为，数字化转型只是用数字化技术以更有效和更个性化的方式进行销售或提供金融服务，抑或只是利用数字化技术推动业务流程创新。但真正的问题并不是如何理解和定义什么是数字化转型，而是在金融科技的浪潮中，应采用怎样的战略，以及如何在数字化转型的过程中保证组织的稳定性和一致性。金融科技作为一种"破坏性创新"，真正需要实现的是帮助传统金融机构在创新过程中实现盈利，并增强其市场竞争力和绿色发展能力。

改革并非易事，自我革新需要巨大的勇气。大多数传统金融机构都不愿意主动进行金融科技创新，也不愿意从根本上创新业务模式，只有在担心金融科技初创企业会蚕食自身的客户基础或侵蚀自己的利润时，才会用数字化技术对传统业务进行一些小的改变。在多数情况下，最好的创新策略是，在现有业务之外开展一项新业务，这也是一个两全之策。也就是说，传统金融机构可以一方面使用数字化技术改进当前业务，另一方面尝试由数字化技术支持更具"破坏性"的解决方案。实际上，这种创新转型策略对其他行业也是同样适用的。

根据管理学的一般原理，传统金融企业在金融科技创新的过程中，可从 4Cs（Customers、Challenges、Costs、Competitors）即客户、挑战、成本、竞争者，深入分析金融科技、数字化转型和客户行为对金融机构的未来影响，从而能够基于目前挑战和未来期望规划合理的策略。但遗憾的是，根据欧洲市场研究公司 Forrester Research 的研究，尽管有 71% 的传统金融机构认为需要进行金融科技创新，但只有 15% 的金融机构相信自己有技术和能力来创新。因此，为了实现数字化转型，首先需要对数字化转型进行分析。借鉴六何分析法（5W1H 分析法），在数字化转型过程中，需要回答以下六个问题：①为什么数字化会改变传统金融机构；②为谁进行数字化转型；③数字化转型后应提供什么产品；④数字化转型在哪些部门进行；⑤什么时间可以进行数字化转型；⑥如何实现数字化转型。

对于以上六个问题，解答如下：

（1）为什么数字化会改变传统金融机构？传统金融机构进行数字化转型，能够从效率、有效性和经济性角度改进传统业务，扩展新的业务边界。

（2）为谁进行数字化转型？数字化转型的目的一定是且只能是客户，金融机构需要理解和利用数字化工具，实现机构的变革以便更好地为客户服务。

（3）数字化转型后应提供什么产品？金融机构进行数字化转型，并不是简单地分析竞争对手的市场行为，而是需要深入理解客户的行为。数字化转型的目的是获取客户数据，从而能够更好地在物理网点或者线上为客户创造良好体验，简单的美化改进网站或应用程序绝不是数字化的目的。

（4）数字化转型在哪些部门进行？数字化的发展对金融机构的影响实际上是非常全面的。一般而言，只要是有利于金融机构扩大市场份额、实现利润增长的部门和相关支持性部门，都应进行数字化转型。

（5）什么时间可以进行数字化转型？从理论上讲，由于数字化转型后的期望与现实金融机构的现状形成了鲜明对比，无论何时进行数字化转型都是必要的。在金融实践中，数字化转型的应用时间受制于多种考量，金融机构需要了解和分析有哪些金融创新技术和颠覆性竞争对手在抢占自身的市场份额，进而规划和部署必要的策略以保护市场份额，然后再去决定何时进行数字化转型。

（6）如何实现数字化转型？数字化转型的实现主要取决于两个方面：一是客户行为方式的有效改变；二是现有、新兴和潜在竞争对手的经营方式。

在金融科技创新的过程中，无论是传统金融机构还是初创企业，都需要对创新有完整、全面的认识，本书建议以整体论来看待金融科技和数字化转型。根据Nicoletti（2016）的研究结论，为了应对创新中不断出现的新考验，将钱德勒模型与莱维特钻石模型相结合后，能够形成一个连接创新策略与组织结构的有效模型。在这个模型中主要考虑四个变量：组织架构、业务流程、金融科技、组成人员，如图3-1所示。从模型中可看到，决策保守、技术陈旧、政策法规、竖井

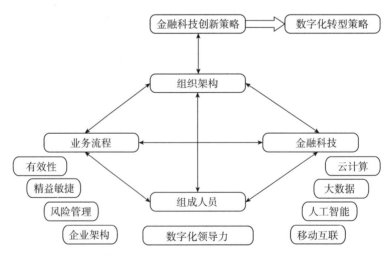

图3-1　金融科技创新策略模型

式流程和低效人员都可能会影响金融科技创新和数字化转型。为此，金融机构需要仔细检查和分析现有的数据、客户、资源和市场渠道，找出数字化的实现方法，从而推出新的产品、接受新的商业模式、建立创新团队，并全程跟踪数字化转型的过程。另外，金融机构的数字化转型还需要重视 Nicoletti（2014）所提出的 3Ps（Products、Processes、People），即产品、流程和人员。首先，需要明确向客户提供服务的范畴和内容；其次，新产品的推出也意味着业务流程的变动，创新是产品和流程相组合的创新；最后，人员是所有创新的执行者，创新的交付和实施最终取决于具体执行人员。

二、金融科技创新模式

金融科技的发展过程就是一个变革的过程，在这个过程中，金融机构必须接受金融科技导致变革的必然性，把创新放在比以往更重要的位置上。正如 Michael Porter（1990）在《国家竞争优势》一书中所说：为了保持竞争优势，减少低效环境恶化带来的影响，企业只有通过创新行为才能获得竞争优势，这种创新是广泛意义上的创新，包括新技术和经营行为的新方式。从表现形式上看，金融科技的创新既包括破坏性创新，能够从根本上改变金融行业，也包括边缘性创新，在不完全破坏原有业务流程的前提下，对现有金融业务和产品进行革新。从金融科技的创新实践看，主要的创新方向有：产品和服务、业务流程、组织架构和业务模型。总体而言，金融行业目前正处于重大创新的边缘，具有良好的发展前景。

（一）产品和服务创新

产品和服务创新是目前金融科技创新最容易实现的方向，金融机构在产品和服务创新方面也有较多的机会和相关经验。从需求端看，市场和客户也希望金融机构不断创新产品和服务，并及时部署到需求端；从供给端看，金融机构通过满足客户的期望，能够为客户提供更有效的工作条件，从而创造出更大的价值。因此，金融机构需要面对这些挑战，主动拥抱新技术。

目前在产品和服务创新中最具潜力的技术是物联网（IoE）。物联网是设备、对象、人具有唯一标示的场景，信息流通过网络传输数据直接实现，而无须人与人或者人与计算机进行二次交互。通过物联网，金融机构能够收集到新的数据集，结合大数据分析技术和人工智能技术，能够以完全不同于今天的方式评估风险。这种新的方式有可能从根本上重塑金融行业的产品和服务主张，并缩小全球风险池的规模。基于物联网，财产险和意外险可能会转到与目前完全不同的创新方向，新的风险评估将会基于实时观测的结构性风险建模，比如车辆的使用年限、保养状态、驾驶习惯、行驶速度等，而不再是基于传统技术的精算风险评估。同理，随着技术的进步和隐私保护法规的完善，医疗保险和人身保护等方面也可能会发生类似的创新。毫无疑问，在未来能够抓住并利用好这些机会的金融机构将会成为新的市场领导者；相反，没有抓住机遇的金融机构，则有可能在市场上消失。

基于智能终端（特别是智能手机）的移动金融服务是当前此类创新的核心，所谓"移动金融服务"就是在移动智能终端的帮助下提供金融服务，服务范围包括银行交易、股票交易、账户管理和获取定制信息。通过移动智能设备和金融服务应用这两个特定的组件，移动金融服务能够处理终端用户的各种金融服务请求，这也要求金融机构加速内部业务流程的数字化，提高客户的访问速度。目前提供的移动金融服务大多是事务性的，金融交易也主要是支付和转账等简单业务，减少了客户到物理网点办理业务的成本，但复杂的金融交易，比如大额投资、抵押贷款等，仍主要在物理网点完成。总体而言，基于产品的分类，主要创新方向有五个：账户信息、支付、存取款、投资、业务支持与内容服务。

（二）业务流程创新

在数字化转型的过程中，根据世界知名咨询公司麦肯锡 2016 年的调查报告，客户对金融服务的数字体验整体上落后于其他行业。对此，金融机构需要进行深刻反思，如何才能改进流程、增强客户体验。随着数字化技术的不断发展，各个行业都在积极变革，数字经济已然来临。在数字体验不断融入客户生活的同时，客户无疑会希望金融机构像其他行业一样，变得更加直接、无缝、简单和有效，因此金融机构的业务流程创新势在必行。

金融科技在业务流程创新方面的技术基础是大数据分析，金融机构在经营过程中产生的海量外部数据和内部数据，传统的处理程序已无法满足需求，这更刺激了利用大数据分析获利的市场想象空间。根据数据之间的链接和层次结构，大数据分析有三种定义：属性定义、比较定义和架构定义。属性定义（Carter，2011）是指，大数据技术描述了新一代的技术架构，旨在从海量数据中高速捕捉、发现信息，从而提取经济价值。比较定义（Manyika et al.，2011）认为，大数据本质上是数据集，其大小超过了传统典型数据库工具捕捉、存储、管理和分析的能力。架构定义（NIST，2014）将大数据定义为，数据量、采集速度，或数据表示限制了使用传统关系型方法进行有效分析的能力，或需要使用重要的水平缩放技术来实现高效处理的数据。大数据分析为金融机构及其利益相关者提供了新的机遇，实现了传统处理方式无法实现的内容，从业务流程创新方面看，大数据分析提供了三个方面的机会：数据体积、处理速度和数据多样性。

大数据分析面对的是金融机构经营中产生的大量呈指数增长的数据流，数据体积很大，这些数据的来源包括：①客服中心的结构化细粒度呼叫详细记录；②来自个人电脑、智能手机、ATM、分支网点等各类设备的传输信息；③公开数据、市场调研报告等外部信息；④来自社交媒体的非结构化数据。金融机构需要尽快处理、访问、分析和上报大量信息以便及时做出决策，在运营工作环境下更是如此，这就要求大数据分析要有极高的处理速度。现实中对高速处理的主要诉求是：①减少信息处理延迟，优化不同渠道的透明度；②内部文档快速检索，分析不同事件和决策的影响；③减少数据仓库环境中报表的业务交付时间，防止数据的"老化"问题；④高速捕捉客户的广告点击行为；⑤设备之间的高速技术交换；⑥基础设施和监控系统实时生成的大量日志数据。利用大数据分析进行业务流程创新，还需要注意数据的多样性，大数据集中超过85%的数据都是非结构化的，流入的数据有多种形式。除了通常结构化的数据处理环境之外，数据有不同的源，包括移动终端、互联网、代理生成、社交媒体、文本、音频、视频、日志文件等，不同的源需要不同的体系结构和技术来进行分析。大数据分析的不仅仅是数字、数据和字符串，还包括其他大量的文档、地理空间数据、三维数据、音频、照片和视频，以及日志文件和社交媒体的非结构化文本，处理此类数据并非易事。一般来说，大数据分析可以分为三类：结构化分析、半结构化分析和非结构化分析。为了提高分析效率，非结构化分析一般需要做一定的规范化约定。非结构化数据与结构化数据的不同之处在于它们的格式，如果不进行数据转换，就不能将它们存储在传统的关系数据库中。越来越多的电子邮件、Word 文档、pdf 文件、地理空间数据等非结构化数据正在成为金融机构大数据分析的相关来源，非结构化数据类型的分析正成为未来金融科技的一个难点和热点。

此外，在业务流程创新中还需要充分考虑数据的准确性、脆弱性和价值。数据的准确性，也是指数据的可靠性。大数据的形式多种多样，质量和准确性往往难以控制。数据的质量、准确性、可靠性和一致性是金融机构从数据中提取有意义信息的关键，只有准确的数据才能支持决策。比如当金融机构分析宏观层面的市场情绪时，需要将语音转换为文本，数据质量的不同会产生截然不同的结果。由于大数据的多样性，分析时需要确保非结构化数据的隐私，数据本身也是脆弱的。数据的价值是由大数据分析将数据转化为价值而产生的，其中最重要的是客户价值。大数据分析的目的是为客户和金融机构增加价值，也是金融机构以客户为中心的意义所在。为了让金融机构从大数据分析中获得真正的价值，必须积极地收集和利用数据并实现创新。

总而言之，大数据分析能带来成本优势，大幅降低成本，有助于金融机构确定金融科技创新和转型的途径与方法。实时大数据分析，能够实现更有效的决策，节约决策时间、提高决策质量，让决策者有机会以更快的方式分析新的数据源，最终发现完全"未知的海洋"，为新的市场、产品和服务创造机遇。大量的结构化和非结构化数据包含各种有用的信息，利用这些信息才以更有效、更经济的方式追求更高的经营目标。此外，大数据分析还有助于交叉销售和风险管理。

（三）组织架构创新

业务流程的创新需要有与其相匹配的组织架构，以确保业务流程变动后所提供服务的质量以及对应组织机构的运行管理，组织架构创新本身也能够与客户之间建立起新的联系和服务内容。金融机构的组织架构最初主要由各类分支机构、代理机构等物理网点组成，后来通过客服中心用来服务客户并进行销售。目前大多数金融机构都是通过客服中心、网站或移动应用（APP）直接销售产品。在此过程中，金融机构的组织架构也在不断变革，比如保险行业出现了所谓的"虚拟经纪人"（Nicoletti，2016）。"虚拟经纪人"是第三方互联网应用程序，这种程序能够将不同保险公司的在线资源进行内容聚合，并显示在一个位置以便客户使用。这种应用程序目前已成为汽车保险的主要分销渠道之一。在英国，超过60%的汽车保险是通过在线虚拟经纪人购买的，而不是直接从保险公司的网站购买的。另一个例子是财产险、意外险和寿险，其主要销售渠道是银行。

在金融机构的经营过程中，无论是风险管理，还是产品营销和公司财务，"了解自己的客户"都至关重要。除了传统的物理网点，在互联网时代还需要更多的虚拟渠道来实现这个目的，比如互联网和智能终端。大数据分析是了解客户的一项关键技术。大数据分析通过分析各种类型的数据能够发现隐藏的未知模式、未知的相关性、市场趋势、客户偏好、风险行为和其他有用信息，从而有可能为客户提供定制化的个性服务。要想在未来提供个性化、定制化的金融服务，大数据分析需要充分考虑社交网络中可用的结构化和非结构化内容，利用在线服务促进具有共同兴趣爱好的人们彼此交流，促成信息和资源共享，从而让互联网社交和虚拟社区成为推广和宣传金融服务的重要渠道。另外需要考虑的是金融服务的并发性，几乎所有的金融服务都是分布式并发系统，这就需要使用云计算技术。云计算是一个模型，它能够按需进行网络访问，且配置的计算资源池（包括服务器、存储器、应用程序和网络服务等）是共享的，从而能够通过最少的管理和交互实现快速配置和发布，满足客户对金融服务即时性的需求，并在保证降低冗余度的同时降低金融机构在创新过程中的计算资源负担。

与组织架构创新息息相关的另一项技术是社交技术。根据 Chui 等（2012）的定义，社交技术是人们用来进行社交互动，并共同创建、强化和交换内容的数字技术。社交技术具有三个特点：①由信息技术所支持，特别是互联网；②提供创建、添加和修改内容和通信的分布式权限；③支持分布式访问。社交技术目前大多以社交网络的形式存在，作为一种人们彼此联系的方式正变得越来越重要。在私人通信领域，通过社交网络发送的消息数量已远远超过传统的电子邮件或短信。社交网络已被证明是金融科技创新的沃土，大多数金融机构和初创企业都会首先考虑通过社交网络获取客户或提供服务，保险营销更是如此。关于利用社交网络推销保险，美国有一组数据：68%的美国公司使用 Twitter，全球这一比例为42%；57%的美国公司使用 LinkedIn，全球这一比例为35%；91%的美国公司监控消费者在社交网络上对其品牌的评价，全球这一比例为75%。在当前的金融科技创新实践中，社交网络或媒体有以下几种用途：①利用互联网社交媒体为代理商提供平台；②通过社交网络获取客户的反馈和输入，了解客户在渠道设计、新产品和其他特性方面的需求，并进一步用于产品和服务设计；③利用微信、Facebook、LinkedIn等外部社交媒体拓展业务；④利用互联网社交媒体补充呼叫中心，减少客户打进的电话数量，通过创建虚拟社区帮助客户回答其他客户的问题；⑤通过宣传慈善活动、绿色发展计划和其他与销售不直接相关的计划，为企业建立"人设"，树立正面的企业形象。

（四）商业模式创新

在金融科技创新和数字化的过程中，金融市场的生态系统不断出现新的变化趋势，越来越多的金融机构需要适应趋势并改变商业模式。商业模式的创新需要多个参与者协作，金融机构需要与不同的技术供应商和具有支持渠道的其他金融机构达成合作协议或扩大合作范围。只有建立广泛的合作关系，金融机构才能够接触到有价值的信息，并与客户建立更直接的联系。构建金融生态系统极为重要，同时也意味着新的参与者有可能会从金融价值链的不同位置进入市场体系中。如果新的参与者比传统金融机构有更强的市场洞察力，那么将有可能控制新的金融生态系统；而传统金融机构一旦失去对客户关系的控制，必然会出现利润下降，最终失去市场。

无论是传统金融机构还是随金融科技创新而产生的初创金融公司，为了捍卫或开拓自己的市场，都必须积极构建新的商业模式，最大限度满足客户对数字体验的期望。运用新技术的能力、经营业务的方式、评估风险的能力将会是赢得市场的主要因素，这就需要金融机构要更有远见，能够识别出那些可能对金融行业产生重大中长期影响或能够改变市场游戏规则的创新技术，并尽可能快地投入使用，目前较有前景的技术是人工智能和虚拟机器人。

根据Sterwalder等（2010）的定义，商业模式主要是阐释企业如何创建、捕捉和交付价值的基本关系与原理。Al－Debei和Avison（2010）建立了一个商业模式的模型，主要包括四个维度：主题价值、架构价值、金融价值和网络价值，连接这四个维度的中心元素是知识管理，它也是协调和同步四个维度的关键，如图3－2所示。根据上述定义和模型，在金融活动中，任何旨在创建、捕捉和交付更多价值的战略性更改都可以视为商业模式创新，这在金融科技中尤为明显。在当前的金融科技创新中，一些初创公司正是利用技术获得的商业模式优势，彻底改变了传统业务的概念和形式，赢得了市场。

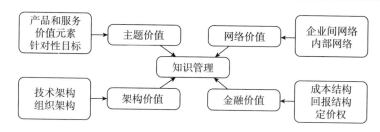

图 3 - 2　商业模型创新的四维模型

从某种意义上说，商业模式对市场的颠覆性程度也是衡量商业模式创新程度的一个重要指标。金融科技创新在现阶段多数情况下都或多或少地包含了商业模式创新。同样，在金融科技项目的商业计划中，技术也是关键的要素。例如，如果没有有效的投资算法就没有智能投顾，商业模式创新一定不是孤立的，它需要和技术、组织、流程形成良性循环 (Cantamessa and Montagna, 2016)。商业模式的创新不单单是产品或流程的创新，它更是一种系统创新，需要系统的培育、支持和管理才能获得竞争优势。金融机构在创新过程中必须充分认识到这一点，营造创新文化，鼓励变革和创新，这是商业模型创新的基础环境。

三、本章小结

金融科技创新是以客户为中心的创新方式，力求在以目标为导向、积极主动的环境中为客户提供更高品质的产品或服务。纯创新和边缘创新在整个脱媒过程中发挥了重要的作用。在金融科技的创新过程中，同样面临着创新采纳的问题，这需要金融机构分析过去的经验并评估新的解决方案是否可行。目前在研究移动商务、数字保险和移动支付等相关技术的采纳程度时 (Kim et al., 2016)，通常采用由 Schierz 等 (2010) 提出的技术接受度模型 (Technology Acceptance Model)，如图 3 - 3 所示。在技术接受度模型的评估中，决定是否采纳创新的主要因素有两个：一是有用性，即创新能够提高系统性能或绩效的程度，包括提高生产力、节省时间、提高工作绩效等；二是易用性，即使用创新不需要太多努力的程度，包括易于控制、易于使用、简单清晰等，在金融服务类的创新中更是如此。

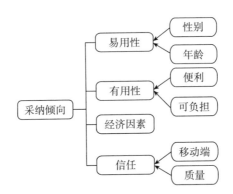

图 3 - 3　技术接受度评估模型

就金融科技创新的现状而言，客户主要将移动金融应用视为支付的"推动者"，金融机构应尽快利用这种移动应用带来的流动性便利，通过这些金融应用程序将智能移动设备升级迭代为金融数字顾问。利用大数据分析技术分析在此过程中所产生的大数据不仅能带来成本优势，还能发现"未知的海洋"，推动发现新的经营途径或方式，大幅度降低经营成本；同时大数据分析还能使决策者有能力以更快的方式分析数据，提高决策质量，缩短决策时间。与大数据技术相匹配的是金融机器人技术，它能够显著降低为客户提供金融服务和内容支持的成本，有助于扩大客户群体。利用区块链技术，能够确保同一网络用户之间的信任和可追溯性，实现价值链的建立和价值去中心化转移，区块链技术有可能彻底改变金融行业和其他诸多行业。无论采用何种技术，金融机构都必须营造创新文化，勇于接受金融科技带来的变革，在制订经营计划时充分考虑商业模式的创新。总而言之，金融机构未来增长的关键是创新，无论如何保护传统产品和服务，都无法为未来增长注入新的血液。

第四章　绿色金融科技

"绿水青山就是金山银山"，绿色发展是整个社会的诉求，不仅对实体经济是如此，对以金融业为代表的虚拟经济也是如此。前两章已经讨论了金融科技创新和金融科技生态体系，本章将对金融科技如何促进绿色发展进行分析，并提供一些具体的案例，以期能够找到合适的解决方案。

一、绿色金融科技的机遇

2015 年《巴黎气候协定》的签订标志着全球的绿色发展进入新的阶段，全球主要经济体都意识到了绿色发展对未来的重要性。2016 年 12 月，联合国环境规划署（UNEP）发表了《金融科技与可持续发展报告》，提出了一些金融科技的发展建议，希望通过增加普惠金融、社区赋权和基础设施绿色融资为实现 2030年远景目标提供助力。金融科技在绿色发展方面有大量潜在的应用场景，其中最主要的是区块链和智能合约，利用技术手段能够有效地提升市场效率，并消除腐败可能出现的机会。从短期来看，目前比较有前景的应用场景有：

（1）食品安全和供应链可追溯性。通过证明农作物、肉类和鱼类的生产时间和产地，建立分散、廉洁、透明的供应链记录，不仅可以保证食品安全，也能够减少欺诈行为的发生。从经济学意义上讲，透明的供应链能确保生产商（特别是农民）为其产品获得公平的价格，也不会因信息不对称而被迫作出短期决策。

（2）开放的社会信用体系。绿色发展作为一种共同的经济或社会行动，需要人们彼此信任并共同作出决策。人群范围较小时，由于彼此的信任，共同决策比较容易实现，但当人们彼此不认识时，互信较少就导致共同决策难以实现。随着人口的聚集和城市化的发展，越来越多的人生活在彼此不认识的社区内，区块链技术能够建立开放的社会信用体系，帮助人们查看、跟踪和判断彼此的信用记录，无须彼此熟悉就能建立信任。

（3）共享资产所有权证明。对社区内居民共同拥有的资产，比如农业基础设施或绿色能源等集体资产，利用金融科技能够帮助社区居民在使用和交易中消除中间环节。社区居民对共享资产所有权的明晰，还有助于将个体居民转变为生产者或消费者，直接与社区以外的人群交换生产盈余，实现短链交易。

（4）所有权可追溯性改进。在政策不完备的情况下，特别是欠发达地区和贫困地区，人们对所拥有的资产往往缺乏可追溯的正式证件，这使其在获取融资或其他生产要素时面临举证难题。金融科技可以利用信息交互为人们构建市场可信身份和资产证明，无须通过银行或政府等正式中介机构验证即可使用。

（5）自然灾害预测与管理。通过与气象、地质技术等预测科学相结合，金融科技可以帮助人们规划和补救自然灾害和人为次生灾害，一方面确保救灾人员到达准确的位置，另一方面保证相关供应链能够及时响应。

（6）可追溯的绿色投资基金。将区块链技术及衍生出的加密货币应用于绿色发展项目的投资跟踪，金融科技的可追溯性能够确保资金完全用于绿色发展，而不会出现挪用现象，也可促使投资者对未来的投资更具信心。

随着绿色发展中新商业机会的不断出现，大量初创企业已投入绿色金融科技创新中，其中一些解决方案已经处于实质性生产的早期阶段。目前，可再生能源的支付标记化（Tokenisation）可能是最成熟的方案之一，人们通过支付标记化实现了碳信用额度抵消碳排放的可靠记录，支持了绿色能源设施的发展。此外，2017年联合国向叙利亚难民发放援助物资时，将区块链技术与生物识别技术结合并进行了大规模试点，用以跟踪援助物资的最终流向。在绿色金融科技的发展中，一般存在自下往上和自上往下两类不同的解决方案。

自上而下的绿色金融科技解决方案，主要是从投资者角度而言的，包括政府投资、慈善机构或非营利机构捐赠等。绿色项目的投资分布在不同地区和行业，在很多情况下，由于汇率波动、缺乏透明度或投资缺乏目的性，很难按规范的流程启动绿色项目，在部分情况下还会涉及官员腐败等问题。为了降低项目投资风险，增加透明度，利用物联网、人工智能和区块链等技术形成金融科技解决方案，能够创建、收集和分析数据，实现跟踪审计的目的，下一节会用案例进行具体说明。一般而言，通过自上而下的方法能够降低腐败和管理成本，增加绿色发展项目的投资或援助范围。尽管自上而下的解决方案在短期内对支持绿色发展至关重要，但绿色发展的目的是实现长期的可持续增长，让人们能够在经济和社会生活中自发实现绿色增长，这就需要自下而上的解决方案。由于具体的技术路线目前尚不清晰，自下而上的解决方案也将通过案例的方式进行说明。

二、绿色金融科技路线图

根据上节所述，绿色金融科技的应用有自上而下和自下而上两种思路。本节首先对自上而下的思路进行案例说明，这种思路目前比较成功的是利用区块链技术进行援助物资管理，第一个成功案例是联合国开发计划署（UNDP）在叙利亚援助过程中的大规模试验。从更广泛的角度来看，无论是救灾援助、扶贫开发还是绿色发展，都需要政府、企业和社会的大力投资，这也导致了巨大的资金或物资管理压力。比如在援助捐赠场景中，物资和资金在转移的过程中，不仅面临着官员腐败的威胁，也面临着汇率波动的影响，甚至可能出现捐赠的物资被当地不法分子在公开市场上出售。统计表明，因为银行费用、汇率波动和腐败违法行为，援助基金的损失可达到30%左右。同时由于援助资金难以追踪，腐败和欺诈的阴影始终存在。此外，部分援助发生在非正常环境下，由于身份或基础设施问题，无法获得传统的金融服务，即使是食品、药品等物资形式的援助，也会在转移过程中出现滥用，因此减少援助损失对提高援助质量至关重要。

利用区块链技术能够创建和实现对每笔援助资金的端到端的审计跟踪，增加捐赠过程的透明度和投资者信心，同时建立非传统的身份识别方式，确保接收者在没有正式身份或银行账户的情况下，实现准确无误的送达，保证援助物资和资金能够真正地送到受益者手中。将区块链技术与业务分层逻辑相结合，能够确保支付、确认和其他事件与预期目标已实现的证据相关联，并能够做到在需要时请求额外的证据援助以保证过程透明。基于区块链技术，智能合约技术能够在大多数环节实现捐赠过程的自动化管理，其中包括物资采购、物资分发和资金交易管理等。通过金融科技手段，系统可以捕获预先确定的援助对象，以及相关的后勤支持人员，提供完全透明的资金流动和端到端的验证，不仅能够克服官僚主义作风、减少援助漏洞，而且能够突破管理瓶颈、降低管理成本。联合国在叙利亚的案例表明，基于提供证据形式的可信信息，如个人的虹膜识别、供应商发票等，在智能合约的解决方案中，实现了对系统标准的自动执行。同时，由于援助资金是完全可追溯的，只能由预先确定的援助对象兑现，杜绝了腐败分子或个人资金泄露或转移的风险。与此前的标准方法相比，行政管理工作量也大大减少，工作目标也更为明确。

尽管自上而下的方法有助于短期内推进绿色发展，但要想实现长期绿色发展，需要自下而上的解决方案。本节以循环经济为例，讲解自下而上的绿色金融科技解决方案。循环经济与国际援助一样，也面临着项目启动、体系基准、目标度量和过程管理等一系列问题，这些问题同样也可以借助区块链和智能合约技术来建立解决方案。在现实经济运行中，一个"小岛"循环经济项目可以在小型社区内很好地运行，但当放大规模后，就需要对应的事务管理和分布式管理交互，传统的技术和管理标准通常难以实现。区块链技术在很多方面能够支持建立大规模循环经济项目所需的完整供应链，其具体有以下几个优点：①可追溯性，区块链和智能合约能够实现对资产交换价值的全生命周期审计，以及对交换目的地的限制，使客户不必担心资金流向；②可信性，无论是物理资产还是数字化的服务和协议，区块链能够记录和展示其全生命周期，提供各种与循环经济相关的证据，如产地、化学成分、安全记录等，使消费者对购买的商品能够放心；③去中心化，通过点对点逻辑管理的业务智能合约，消除了对传统第三方中介的管理需求，并可对复杂的业务规则进行自动化编码，减少了循环经济的运行成本；④透明度，参与循环经济的所有成员组成虚拟社区，所有协议和执行具有完全的可视性，社区成员能够完全实现自我监督而无须第三方审计。此外，还可利用区块链创建与某些类型活动相关的内部加密货币（代币）和电子钱包，将其用于预定义的商品或服务的交易中，以鼓励参与循环经济项目的行为。

在去中心化的金融科技解决方案中，基于智能合约和电子钱包，资产和服务能够通过内部加密货币在平台上进行无缝交易，从而实现对复杂供应链和消费循环的透明化管理，而无须传统的第三方中介参与；与物联网相结合，可以实现自动化的库存和配送，提高供需变化引起的供应链响应速度；使用区块链技术后，能够确保社区成员只在循环经济中进行交易，特别是在指定端对端交易关系的情况下，保证了产品和服务的原产地。对大多数循环经济项目而言，其重点是结果而不是技术，平台可作为项目的捆绑包部分，在修改配置后很容易满足不同创新企业的多个业务模型需求，比如物联网集成的供应链监控设备。以此类推，通过为多个循环经济项目创建类似的基础平台，就有可能为全国循环经济生态系统的交互和操作奠定基础。

三、绿色金融科技应用

根据上节所述的思路，关于绿色金融科技在循环经济项目中的具体应用场景，本节用两个例子分别进行说明。无论是在发达国家还是在发展中国家，随着城市化的不断发展，城市贫困人口受食品价格上涨和收入差距的影响，出现了营养不良现象。以美国为例，由于城市贫困人口缺乏新鲜的水果、蔬菜等农产品，许多地区被认为是"食物沙漠"。从全球范围看，城市化的扩张占用了更多的农田，导致粮食、水果、蔬菜等农产品生产越发不均衡。虽然各国政府一直在倡议发展城市农业，但人们在城市开放空间种植的农产品规模和数量远远低于城市人口对农产品的实际需求。循环经济与现代农业技术相结合，以社区为基础建立新型城市农业，能够为解决这些挑战提供新的思路和方法，并对其他部门产生积极影响。由于农业的天然弱质化，全世界范围内都或多或少存在农业投入不足的问题，这导致农产品生产成本不断攀升，进一步加重了城市贫困人口的负担。

新型城市农业以在城市地区生产水果、蔬菜为目标，能够达到城市绿化的目的，同时也降低了食品成本和碳足迹，可以使整个城市受益。在绿色金融科技的解决方案中，除了核心的市场体系和城市绿化，新型城市农业实际上创造了一个多层次的食品圈：①通过垂直农场，能够部分实现将粮食生产带回城市的目的，也能够减少对能源、灌溉、杀虫剂和碳排放的需求，并帮助解决养活全球不断膨胀的城市人口的挑战。②对城市中的任何开放空间或屋顶，可以建立低技术含量的城市农场，比如丹麦首都哥本哈根规定"任何坡度低于30%的新屋顶都必须绿化"。在具体操作中，学校、社区、企业通过合适的组织都可以参与城市农场建设，虽然这些作物产量不足以成为主要食物来源，但它们有助于城市人口与生长中的作物形成情感联系，这对在校学生更是如此。③发展城市农业需要将蜜蜂引入城市环境。哥本哈根和斯德哥尔摩的经验证明，在更绿色的城市环境下，饲养大量蜜蜂是有可能的，同时也能够帮助扭转全球蜜蜂数量下降的趋势。④在人口集中的公共场合，放置公共冰箱接受普通零售商或个人未售出的食品，供人们购买或赠送给低收入群体。⑤可以将智能冰箱整合到家庭食物的供应链管理中，消除购买和使用过程中不必要的浪费，同时借助智能合约，在更大范围内完成食品的订购和分销管理协作。

循环经济与城市农业相结合的方案，是以城市社区为基础，在绿色金融科技的技术底层上提供城市所需部分食品的本地化循环解决方案。这种解决方案的规模和思维路径实际上是自上而下的，需要由政府主导。在实际运行中，这种方案需要建设基础设施和运营设施（如垂直农场、蜂巢等），能够促进当地中小企业发展和非传统就业。城市农业的当地化循环过程，也能够大大降低食品的交易成本，垂直农场等城市农业生产商可以通过平台直接将产品销售给各终端客户，在智能合约的帮助下，甚至可以实现点到点的直接分销；通过系统创建智能合约，消费者可以在不需要干预的情况下直接进行合同竞标，并同家庭智能冰箱相关联。消费者与生产者之间的直接交易，形成了食品分销圈的核心，减少了对中间商的依赖和相关交易成本。基于区块链和加密货币，消费者不仅清楚地知道产品的来源，还可以根据需求进行二次分销；建立在该平台上的循环经济与其他经济项目还可完成交互，维护跨多种类型市场的供应链完整性。此外，该平台还可向政府有关部门生成内容丰富的报告，使政府能够根据各类非财务指标（食品产量和销售量、签约城市农业的就业人数等）监控项目绩效。

绿色金融科技对循环经济项目是适用的。在环境和生态保护中，绿色金融科技也有用武之地，本节以绿色渔业为例进行说明。从全世界范围看，大约有30亿人口以鱼类作为动物蛋白质的主要来源，每12个人中就有1人以渔业为生，全球鱼类消费在过去的30年翻了一番，渔业对人类具有重要的意义。尽管如此，全球64%的渔场存在过度捕捞，90%的渔场没有有效的数据管理。为了推动生态保护和渔业可持续发展，各国政府出台了各种措施，如使用GPS跟踪器估算鱼类捕捞量。即使如此，一旦鱼类进入供应链就很难追踪，因此难以保证渔业可持续发展。此外，渔业管理中普遍采用的配额制度迫使渔民将可食用的副渔获物丢弃，不但导致了不必要的浪费，也使贫困人口失去了获取廉价食物来源的机会，并增加了渔业的成本和碳足迹。配额制度本身设计的目的是保护生态环境，副渔获物的丢弃本质上违背了制度设计的最初目的。渔业与肉类和其他食品一样，由于供应链不透明，各种欺诈行为在交易中屡禁不止。

绿色金融科技的出现，能够帮助渔业从捕捞到供应链管理实现循环市场平台的集成，解决渔业不可持续、商业欺诈、过度捕捞等问题。目前已有的技术主要为以下几种：①鱼类识别技术，印度尼西亚目前正在试点 Fishface 项目，可以通过手机摄像头识别鱼的品种，验证捕捞的鱼类是否违反自然保护法规，并记录渔业作业的捕捞物种。②物联网技术，将摄像头集成安装在渔网中，配合 GPS 记录的信息，追踪渔获物的时间和来源。③区块链技术，将区块链与物联网进行集成，一旦捕捞到鱼类就进行标记。④机器学习技术，通过应用软件实现鱼类智能分类，既可按菜谱分类也可按特定的配型进行自适应分类。基于上述技术，可以通过绿色金融科技将这些技术与核心的循环经济平台进行多层聚合，构建智能合约、电子钱包、移动支付、信用体系等多个系统。在该技术方案下，当渔业作业完成后，渔网内的摄像机会自动记录捕捞到的鱼类，然后利用鱼类识别软件对鱼进行分类，同时将捕捞到的鱼的种类、地点和时间上传至系统中，并完成鱼在区块链中的记录。完成上述基础工作后，平台会向公共区块链写入哈希记录，以确定捕捞渔获物的来源，并对每一盒鱼自动重复执行此流程，同时与消费端创建智能合约，通过供应链跟踪鱼类的消费。此外，一旦平台确定了可以送入配送中心、食品加工企业和餐饮门店等消费端的渔获物，就会提供价格和菜谱等类似选项。餐饮门店和食品加工企业也可以直接在平台进行渔获物竞标，无须第三方零售商进行二次分配。根据最终的分配结果，渔获物将被送到配送中心，根据合同进行自动分配，并将分配记录在区块链上，通过物联网就能够实时跟踪鱼类在供应链中的位置，实现透明、可信的供应链，杜绝商业欺诈的存在。这样在平台上的区块链记录中，就包括了所有渔获物的完整来源和全部合同细节及最终流向，中间事务也是如此。在交付时，无论是初级零售商的货物转移，还是菜单、包装、账单等需要显示原产地的信息清单中，都可以提供可追溯且不可篡改的记录。可以设想，在未来一旦完成物联网、供应链和金融科技的高度集成，鱼类市场的定价机制和基于市场的存储管理都将以完全不同的姿态出现，会给人类社会带来极大的便利。

四、本章小结

本章描述了金融科技如何支持绿色发展项目，并深入探讨了如何使用绿色金融科技创建自下而上和自上而下的解决方案，初步说明了区块链、物联网、人工智能、智能合约、加密货币等技术的应用场景。虽然这些技术大多数仍处于开发阶段，甚至还是早期开发阶段，但这些解决方案的技术已经客观存在，并且已经在不同场合下使用。可以预计，绿色金融科技主导的解决方案未来会成为资本市场和市场经济运行的主流。因此，在现实金融科技创新中，既要创新投资方式等自上而下的解决方案，推出各种替代投资产品、众筹平台和援助渠道管理等，也需要基于社区平台、循环经济平台推出自下而上的解决方案，超越传统金融服务的限制。绿色金融科技解决方案，特别是基于区块链的解决方案，已经有了成功案例，并对绿色发展产生了积极的影响，它不仅适用于发达经济体和地区，也适用于发展中经济体和地区。

第五章　金融支付革命

支付是金融交易中最常见的场景之一。随着金融科技的发展和推动，支付手段已经从基于现金的支付跨越到数字支付、从批量支付跨越到即时支付。今天的金融支付，无论是中央银行、金融基础设施还是分布式商业银行，都需要克服一系列挑战以适应新的支付标准。与此同时，支付过程中出现了价值转移的替代手段，绕过了银行系统和支付基础设施，其中最典型的就是非银行支付和基于区块链的交易。本章将说明在新的金融科技支持下，银行账户余额如何不再以货币单位为基础，也将说明准备金贷款如何从真实货币中抽象出价值。在传统银行体系之外，个人和组织在转向新型支付业务的过程中也将会产生风险，这种转型和相应风险很可能会给银行业带来巨大影响。从货币和支付管理的角度看，设计规则也需要适应不断变化的支付手段。支付的可能演变过程和对个人或组织的影响，是本章将要讨论的主要内容。

一、传统金融支付手段

为了更好地理解新的支付手段，需要首先对传统的支付手段进行总结和分析说明。尽管支付在不同的语境和视角下对不同的人有不同的含义，但对大多数人而言，支付是金钱的核心效用。在全世界范围内，消费者、商人、企业、商业银行、投资银行、央行共同构成了复杂的全球金融支付生态系统，并在这个系统内每年使用多种支付工具、计划、网络和系统创造了数以万亿美元的价值。如果将传统的金融支付生态系统理解为一座大厦，这座大厦的地基是近代的集中式信托组织流程，大厦的基础设施是由过去五六十年的计算机化所建立的。时至今日，即使出现了新的支付手段，人们仍需要不断与这座传统的大厦进行互动交流。在这座大厦中，消费者和商人之间用金钱交换商品和服务。银行通过信用卡网络，扩大了信贷规模，并协调彼此之间的余额，最终在本国央行进行结算，或通过全球商业银行之间陈旧、缓慢的信息交换系统，完成各交易参与方的结算流程。传统的支付生态系统是一个有着很多中介的生态系统，有很多相互依赖的利益相关者，所有这些利益相关者都从支付价值的转移中获利，下面将对传统支付系统的结构和主要参与者做一个简要的概述。

首先是支付系统，它是一套通用的规则和程序用以支持个人、组织和金融机构之间的资金转移。大多数支付系统由运营商管理，并由硬件、软件和通信网络的基础设施提供商提供技术支持。一些大的金融机构可以直接进入每个支付系统，为客户提供支付服务。在传统支付模式中，大多数支付系统采用两阶段递延净结算流程。支付的最初起点是货币，货币在不同银行之间的转移形成了这些银行之间的净债务，这些债务在随后的某个时间点在央行进行结算，即延迟结算。在支付系统中，所有参与者在短时间内互相进行多次抵消付款，通过支付净额等功能实现了节约流动性的目的。其次是支付工具，它是支付系统的最终用户用来在银行或其他金融机构的账户之间转移资金的东西。常见的非现金支付工具有：信用卡、信用卡转账、直接借记和数字货币等。再次是支付架构，它为使用基础支付系统执行支付交易制定规则和技术标准，并管理支付系统及程序的日常运作，确保与支付处理有关的任何规管要求均得到满足。在现代金融环境下，支付架构有以下特点：①提供端到端的转账服务；②拥有包括独立董事在内的治理结构，独立董事有权代表所有服务用户的观点；③是支付方案规则和支付方案操作技术标准的保管人；④负责基础支付系统的运营；⑤对遵守支付方案和系统的监管；⑥有准入标准和加入申请流程。然后是信用卡计划，它与支付卡相连组成支付网络，银行或任何其他有资格的金融机构都可以成为其中的成员，通过成为该方案的成员，就可以在该方案的网络上发行或获取操作卡。最后是环球银行间金融电信协会（SWIFT），其是一个全球性的网络，有超过 1.1 万家金融机构使用，能够以安全和标准化的方式发送和接收有关金融交易的信息。SWIFT 不为资金转移提供便利，也不进行任何形式的清算或结算，它只允许支付指令在其网络上传输，结算必须通过机构之间的对应账户进行。

二、新金融支付手段

金融科技是支付革命的先驱者，随着不断创新的金融科技企业进入传统的支付体系，旧有的规则和架构正在不断被颠覆。对于金融科技企业而言，如果要构建一个全新的金融体系和行业规则，需要大量的时间、资金以及监管政策的支持，难度是很大的，但是解决消费者在金融业的痛点之一——支付要容易得多。随着消费者日益增长的便捷支付期望，借助移动智能设备和其他新技术，一部分金融科技企业专注于解决支付问题，其中出现了若干伟大的初创公司，比如解决国际汇款的 TransferWise 和 AirWallex，解决一般性转账汇款的 Azimo，WorldRemit 和 Coins，专注社交网络支付的微信、支付宝、Venmo 和 Braintree。大量以支付为重点的金融科技和移动应用程序秉持精益创业的理念不断改变着世界。这些新出现的金融科技大多不受现有监管规定和传统支付中旧电脑系统的约束，事实上，也正是这些旧有制度和组织架构制约着传统银行业进入创新产品领域的行动和决策。为了打破零售银行市场的沉闷封闭，一些国家和地区的金融监管机构主动作为，出台了一系列鼓励金融创新的政策，进一步推动了支付手段的革命性变化。在上海、深圳、香港、新加坡、特拉维夫、伦敦、纽约等全球知名的金融科技热点地区，政策的正向导向作用已非常明显。

另外，由于苹果、谷歌、阿里巴巴、三星、华为等科技巨头拥有的客户群体越来越大，并将移动技术与已有客户群体的设备绑定，新的支付手段组合出现了。这些原生的支付应用程序主要有 Apple Pay、AliPay、Android Pay、Samsung Pay、Huawei Pay 等。虽然目前这些支付应用程序只是将客户的信用卡或应用选定的信用卡加载到移动应用程序中，但这形成了智能手机的原生支付功能，与传统方式相比具有明显的优势。考虑到一般消费者的消费行为，智能手机更为方便，且减少了信用卡丢失或遗忘的问题。尽管受基础设施、消费习惯和历史文化差异的影响，移动支付在全球发展并不均衡，普及程度也有很大差异，但总的来讲，移动支付已跨出了支付手段最具革命性的一步。移动支付可以实现免费、即时、跨境支付，整个支付无缝集成了用户的社交网络信息，且无须银行参与。随着移动支付的推广和普及，这些科技巨头实际上在一定程度上已控制了金融生态系统内部的流动性。此外，支付应用又推动了以智能手机为代表的智能终端设备的销售，进一步降低了金融科技企业的开发成本。整体来看，随着移动互联网和网络电子商务的兴起，越来越多的消费者要求金融机构和金融科技企业提供更具个性化的支付产品和灵活的支付解决方案，消费者也越来越依赖移动银行和手机应用程序内的银行服务而不是银行的物理网点，因为消费者的期望就是能够一键式获得无摩擦的银行服务。可以预见，未来能够提供最佳数字服务的金融科技公司和金融机构将会占据最大的市场份额。

为了满足客户的需求，无论是金融科技企业还是传统金融机构，都在努力减少对零售支付交易费用利润的依赖，试图通过改善数据服务能力来增加利润。从最近两年的情况看，支付领域的并购整合仍在继续，进一步扩大了移动支付和无卡交易的覆盖范围。随着市场竞争压力的增大，支付服务提供商需要进一步提高对客户需求的理解，并加大战略性投资，为未来业务铺平道路；同时，新的收入模式也有可能会出现，比如非支付数据的经纪业务、审计业务工具等。从全球未来几年的发展情况看，新兴经济体极有可能成为全球支付革命增长的引擎，中国将会挑战美国在这一市场的领导者地位。中国科技巨头在全球范围内采取了积极的扩张战略，蚂蚁金服正寻求收购 MoneyGram，腾讯也在进军印度市场。其他新兴市场国家政府出台的金融科技创新、普惠金融和无现金社会的政策举措，也成为推动新型支付手段快速增长的关键驱动力。根据《2018 世界支付报告》的研究结论，随着移动支付和其他形式数字支付的推广，以及推广普惠金融的一系列措施的出台，特别是在印度、印度尼西亚和越南，非现金交易将继续保持高速增长。

新型支付的革命性效应最明显的表现就是最近几年支付呈几何指数增长。根据法国巴黎银行和凯捷发布的《2016 全球电子交易报告》，2014 年至 2015 年全球电子交易打破了 10 年来的增长纪录，交易额增长逾 11%，达到 4330 亿美元；预计 2015～2020 年期间，将创纪录地实现 10.9% 的年复合增长率。在未来 5 年，发展中国家的市场将以 19.6% 的年复合增长率持续领跑，并推动全球交易量的增长，成熟国家的市场将以 5.6% 的年复合增长率温和增长。从未来趋势看，支付手段革命有以下几个趋势需要注意：

（1）极小额支付。钱本身在数学意义上是可以无限分割的，但是在传统的金融支付体系中，由于交易成本的限制，支付的成本远高于实际获得的收益，实际上是很难实现极小额支付的，从而使 0.05 分钱的交易和支付显得完全没有意义。但在互联网时代，定制化的需求和低利润率的创新关键成功因素，使支持微小的服务单元支付或接受极小额支付就十分有意义，比如为阅读单个在线新闻页面付费而不是订阅所有新闻，抑或是点击网站单个广告而获得极小额经济奖励等。在新型支付体系下，由于金融科技和新的支付系统的出现，极小额支付的约束很快就可能成为过去，全新的商业模式将会出现。

（2）物联网设备支付。物联网将会改变消费者和企业在市场中的互动形式，特别是 5G 普及以后，预计到 2020 年将有 204 亿台物联网设备会进入市场，其中 90% 以上将实现互相联网。面对这一市场机遇，VISA 提出了 VISA Ready 项目，通过安全和无缝支付的解决方案为设备制造商和相关技术公司提供物联网设备的支付认证。可以设想在物联网时代，智能冰箱将会智能订购补给食品和支付费用，智能家居系统会自动计算和支付电费，无人驾驶汽车自主与其他物联网汽车协商在高速公路上的超车成本，等等。

（3）点对点支付和社交支付。社交环境下的支付平台建立在情感、个人纽带和社会强化的基础上，有机会获得消费者的青睐。借此机会，Venmo 和 Braintree 等点对点支付平台，为人们利用互联网社交媒体平台来分摊账单、租金和公用事业费用提供了支持。在中国，微信是最受欢迎的即时通信应用程序，年活跃用户超过 10 亿。中国文化传统中发红包的习俗在微信上得到继承发展，红包成为微信上最成功的一项社交支付功能。2014 年春节期间微信首次推出红包功能，允许用户将钱作为礼物发送给联系人和群组。该功能推出一个月后，微信支付的客户数量从 3000 万增加到 1 亿。2019 年春节，共有 8.23 亿人次收发微信红包。除了普通红包外，微信红包还推出了更具市场营销功能的定制封面、拜年红包、表情红包，2019 年春节带有定制封面的特色红包被拆开了近 2.5 亿次，其中包括 26000 家企业为其 2000 万员工的特别定制的特色红包和境外消费发送的具有当地特色封面的红包。

（4）数字支付新渠道。商业的重要驱动力就在于使消费者和企业能够在新的发现点上建立新的联系。移动支付之所以无处不在，就得益于金融科技。尤其是社交和生活方式平台的整合，使企业可以重新构想商业模式和业务模式，加强了与客户的互动方式与频次。随着 Facebook、谷歌、亚马逊、微信、阿里巴巴等大型平台不断降低企业和消费者的参与门槛，支付服务商有新的机会将消费者与企业的支付体验区分开来，让更具个性化和定制化的金融服务更自然地融入客户的生活，其中的关键在于确定哪些功能（如余额、支付、开户等）、哪些数字化渠道（如语音、即时消息、增强现实等）能够更好地实现这一目标。随着5G时代的到来，增强现实是最有可能率先实现这一目标的新通道。通过增强现实技术，用户可以通过智能手机的内置摄像头直接在应用程序的商店内选择商品并支付费用，这种新的支付渠道具有无限的想象空间。

（5）透明无摩擦支付。尽管支付摩擦可能是必要的，特别是对企业或支付服务提供商而言，支付摩擦具有确定的作用。但是支付摩擦毫无疑问会影响客户体验，如何在不必要的环节中减少甚至消除支付摩擦，是目前新的支付交互模型创新的重点方向。在这种理念下，一些金融企业通过所谓的 Uberisation 已经做了很多工作，一些情况下已经能够使支付摩擦小到客户几乎无法感知。在不久的将来支付摩擦的问题全部解决后，全球支付额无疑会增长到前所未有的新高度。

三、支付革命的推动者

金融支付革命的推动力量既有来自市场的，也有来自政府金融监管机构的。目前全球各个主要经济体的金融监管部门都在不断推出新的措施，促使银行扩大数据开放，一方面是为了让消费者有更多的选择，另一方面是为了使银行的金融数据能够帮助和促进其他行业的迭代升级。金融机构开放数据，不仅能够使更多的客户获取自身的金融数据和消费数据，也有可能改变客户与金融机构互动的形式。客户只有获取了自己的银行数据和银行产品数据，才有可能选择出最适合自身情况的金融产品和服务，也才有可能实现个人预期的金融目标。从宏观角度看，金融机构的数据开放不但能够更好地推动金融市场良性竞争，也能够为商业模式创新提高更好的外部市场环境，从而为全社会的生长率增长做出贡献。在此方面，目前最为成功和最具前瞻性的是欧洲的《支付和服务指令II》（PSD2）以及英国的开放银行计划。但总体上看情况并不容乐观，因为传统金融机构一直以成本增加或潜在的安全和运营风险为由抵制数据开放。事实上，传统金融机构的担忧并不成立，第三方支付服务商或数据聚合科技公司，只需要通过金融系统应用程序编程接口即可以安全许可受控的方式访问金融系统的数据。从其他行业看，谷歌、亚马逊等数字公司都不断扩大使用 API 增加客户体验，金融监管机构和金融科技企业都希望这种趋势能够扩展到整个金融业，这样不但能实现刺激市场竞争的目的，也能够鼓励金融机构为客户开发更多的创新产品。以 VISA 为例，它在开发平台上发布了 40 多个 API，并要求通过 VISA 的每一笔支付请求都需要对应这些 API，VISA 认为未来不能公开提供 API 的金融机构注定会失败。

推动金融支付革命的另外一个力量是支付标准的改进。金融支付作为一个生态系统，在现阶段与早期互联网相似，各种创新不断出现、生机勃勃。为了构建一个健康、繁荣、稳定的生态系统，需要就一系列相关的标准达成广泛共识，只有这样才能实现大规模应用。因此，各国监管机构需要和支付提供商、运营商就国际标准达成一致意见，这样才能促进金融支付的蓬勃发展。目前，全球很多经济体正在推动支付的标准化，主要包括：

（1）万维网联盟（W3C）的支付请求。W3C 已经为支付请求引入了一个标准选项，支付请求 API 旨在改进消费者在线购买过程中的交互体验，降低消费者因破碎或其他特殊原因而放弃支付的风险，并允许电商使用不同的支付方法以提供更一致的支付体验。

（2）单一欧元支付区（Single Euro Payment Area，SEPA）。欧盟支付委员会（European Payments Council，EPC）为协调欧盟内部的电子支付业务，与各成员国共同合作引入 SEPA，为每一种电子支付工具都提供了手册和指南，以实现整个欧盟支付处理流程的标准化。

（3）ISO 20022《金融服务金融业通用报文方案》。ISO 20022 是国际标准化组织于 2004 年在 ISO 15022《证券报文模式（数据域字典）》的基础上制定并发布的国际标准，它提供了一种面向业务建立通用报文的解决方案，是国际金融业务与 IT 技术紧密结合的产物。ISO 20022 又被称为通用金融业（UNIversal Financial Industry，UNIFI）方案，其主要目的是制定并推动产业金融标准整合，使消费者与金融机构往来的过程中，可以通过单一标准与金融机构资讯系统往来交易，达到跨产业协同运作的目的。

（4）快速在线身份认证（Fast IDentity Online，FIDO）联盟。FIDO 联盟成立

于 2012 年 7 月，由其成员协助界定市场需求，并共同开发《FIDO 开放协议》，目的在于满足市场需求和应付网上验证要求。FDIO 协议是在线和数字验证方面的首个开放行业标准，可提高安全性、保护隐私及简化用户体验，用户可以使用智能手机指纹采集器、USB 令牌等多种方式登录，服务商无须再维护复杂且成本高昂的认证后台。该联盟开发的规范和认证，能够使支付硬件、移动互联网和基于生物特征的认证器成为一个可互操作的生态系统，可用于许多应用程序和网站。

（5）开放银行工作组（Open Banking Working Group，OBWG）。2015 年英国财政部承诺出台针对银行业的 API 公开标准，在此背景下 OBWG 于同年 8 月成立，旨在研究并制定详尽的开放银行框架，为银行创建与其他利益相关者安全共享数据的标准，其成员包括银行、开放数据、消费者与商业团体等各行各业的专家。OBWG 发布的《开放银行标准框架》（*The Open Banking Standard*）是其主要工作成果，该框架在英国银行业实际情况的基础上，充分考虑了欧盟 PSD2 和《一般资料保护规范》（*General Data Protection Regulation*，GDPR）的要求，就开放银行的 API 设计、支付和管理提出了三大标准和一个治理模式。三个标准分别是数据标准、API 标准与安全标准，底层的治理模式是维系开放银行标准有效运行的基石。

（6）银行业架构网络（Banking Industry Architecture Network，BIAN）。BIAN 是一个独立的非营利性协会，成立于 2018 年，旨在建立一个共同的架构以实现银行之间的互操作性，开发跨银行领域的包括运营和执行、风险管理和合规等方面的标准。BIAN 的目标是建立一个语义框架以识别和定义银行业的 IT 服务，底层体系结构模式为面向服务的体系结构（SOA），它能够使银行降低整合成本，并利用面向服务的机构优势实现"商用现成软件"（COTS）。

（7）新一代开源分布式账本 R3 Corda。它是一种开放源码的分布式账本技术（Distributed Ledger Technology，DLT），借鉴了区块链的部分特性（如 UTXO 模型以及智能合约），但在本质上又不同于区块链。并非所有人都可以使用该平台，它仅面向银行间或银行与其商业用户之间的互操作场景。因此，Corda 并不是创建了新的区块链（公链），而是致力于提供服务于泛金融行业的去中心化数据库。它针对金融系统，降低了共识范围，间接缩小了数据的可见性，通过强化对特定合约的描述而具备了较高的吞吐能力。

目前，支付革命最大的动力来自加密支付和区块链技术，其中比特币的作用尤为突出。中本聪设计比特币最初的目的是构建一种"点对点的电子现金系统"，在交易双方彼此不知情或信任的情况下实现支付，且无须第三方中介机构（包括政府或银行）的介入即能实现彼此间价值的转移。从金融的角度严格来看，价值的转移本身并不是金融支付，任何人都可以将其所持有的法定货币转让给他人而无须以商品或服务作为回报，受益人获得该法定货币是完全合法的，比特币也是如此。诚然，通过比特币系统，只要知道了自己的比特币钱包地址（公钥），比特币持有人就可以发送或接收系统允许的最低分割数量的比特币到一个比特币钱包，似乎实现了不可篡改的、去中心化的价值转移过程。但是直至现在，用户体验差仍是比特币系统无法忽略的事实，操作复杂、"中间人"恶意引导、胖手指等各种问题仍无法避免。这种支付体验与传统的支付方式相比更糟糕，因此现实中难以被消费者在日常消费场景中大量采用。为此，研究者提出了两项比特币改进建议，分别是：①Gavin Andresen 和 Mike Hearn 提出的 BIP70；②Justin Newton 等提出的 BIP75。BIPs 是开发者社区论坛讨论如何修改比特币协议和网络的方式，BIP70 和 BIP75 的价值在于它们解释了如何将加密货币（不仅仅是比特币）支付转变为合法的支付网络。

BIP70 和 BIP75 扩展了比特币网络系统中商户和客户之间的通信协议，使其包含了支付请求和支付确认消息，从而提供了更好的客户支付体验，也能够更好地防范中间人攻击。在 BIP70 和 BIP75 协议中，比特币持有人被请求支付的地址是一个具有可读性的、安全的支付地址，而不再是一个难以理解的、由 34 个字符组成的比特币钱包地址，同时在支付完成后会自动生成安全的付款凭证，一旦商户和客户之间发生纠纷即可使用。利用这两个协议，能够有效防范中间人的攻击，在使用硬件钱包授权交易之前，中间人无法使用自己的比特币地址去替换商户的比特币地址；支付授权完成后，客户就会收到付款消息，因此马上就会知道商家已经收到支付请求并对支付请求作出了确认处理。对于交易本身，由于客户的比特币地址已通过软件自动提供给了商家，商家如果遇到需要退款的情况，就避免了因无法联系到客户而不能退款的问题。此外，BIP75 允许发出支付请求的客户自愿签署原始请求并提供证书，以使收款人知道他们正在与何人进行交易，整个交易过程的付款细节只能由被参与交易者看到，而不会被任何第三方看到。BIP75 允许存储或者转发服务器，这样就能够移动比特币钱包的签署服务和支付请求等；BIP75 也允许付款方选择与接收方共享身份。利用这些协议，就能够构建一种开放的、基于标准的支付方式，使企业能够保持财务流程可查看的记录，从而满足会计实务、税收收入和其他法定要求的需要。

BIP75 由于引入了数字身份的概念，受到了许多比特币和分布式账本技术（DLT）支持者的批评，因为数字身份破坏了用户的互联网匿名性，进而破坏了加密支付的基石。但对金融科技而言，根据金融科技创新的 CLASSIC 模型可知，如何为消费者建立一个一致的、可移植的、安全的在线系统以防止消费者身份被盗用，是未来成功的关键。实际上，无论是"以客户为中心"还是基于"安全管理"的理念，都不可能存在绝对的匿名性，匿名也是有限度和需要妥协的。实际上，比特币规模问题、交易费用上涨问题以及随后硬分叉技术的出现，已经使中本聪最初提出的比特币梦想破灭。在意外后果定律的影响下，比特币已经成为一种新的投机性资产和投机工具；随着大规模投机引起的比特币价格波动，许多最初接受比特币的企业已不再接受比特币，进一步进入日常消费场景已不可能实现。

根据普遍引用的数据，比特币系统支持的支付并发数是每秒 7 个（平均接近 3.5 个），而 VISA 对应的数据是每秒同时支持 20000 个支付并发数（平均为 7000 个）。从今天的支付网络情况看，比特币是无法满足市场需求的，也无法与传统支付服务提供商竞争的，如果考虑到小额支付和全球电子商务的指数增长趋势，比特币系统更无法成为一个实时的国际支付系统。目前的技术方式通过增加额外的层和侧链来解决这一问题，这就是所谓的闪电网络。闪电网络的前提是，并非所有交易都需要记录在比特币区块链上，它仅在交易双方之间建立一个支付通道，用来记录交易双方的支付情况。交易双方可以通过该支付渠道在任意时间段进行任意次数的交易，只有当双方决定不再进行任何交易时，才将最终的支付状态写入比特币区块链，同时永久关闭该支付通道。此外，比特币的低成本实时跨境支付能力，也一直被高估。虽然比特币的实际交易成本确实较低，但比特币和其他类似的加密货币只能解决实际跨境支付的一小部分交易，与金融机构最新提出的、完全数字化的货币转账方案相比，比特币并不具备任何优势。与此同时，随着交易费用的不断攀升，比特币显得更不具备竞争力，其他形式的加密货币（如比特币现金、以太坊、莱特币等）也在威胁比特币的所谓优势。跨境支付还存在汇率波动的问题，国际货币转账必须以当地的流动资金为依托，但比特币或任何其他类型的加密货币都不是世界储备货币，且比特币与法定货币之间的交易转换速度太慢，往往需要等 30 分钟甚至更长的时间，在汇率不断波动的情况下，这无疑增加了额外的风险和潜在成本。总的来看，尽管比特币及其技术基础——区块链和分布式账本，确实有潜力改变未来的金融支付和金融服务，但就目前而言，比特币仍存在流动性差、成本效益不高、转账难度大等问题，还需要通过创新来解决这些问题。

在比特币的使用过程中，还一直存在加密钱包用户体验不佳的问题，个人密钥管理过程过于复杂，且最近投机者的投机需求旺盛导致在交易所购买密码时的处理时间较长。在交易所有了账户后，虽然购买比特币相对简单，但将其兑换为法定货币并转移到银行账户仍不容易。为了解决这一问题，金融科技企业力图将比特币钱包包装为消费者更熟悉的商品。一些金融科技企业（如 Monaco、TokenCard、TenX 等）将比特币钱包包装成借记卡形式，通过将密码存入借记卡，实现在现实消费场景中的支付，在交易时后台中比特币被自动转换为法定货币，但在前端借记卡与消费者的互动过程是正常的。

基于区块链和分布式账本技术，其他加密货币也提出了各自的解决方案，这些解决方案与比特币的大体相同，均是为了解决或弥补比特币的不足。本书仅对主流的几种方案进行简单说明：

（1）以太坊（Ethereum）是比特币之外最有名的一种加密货币，与比特币不同的是它采用了智能合约的框架，但与比特币类似的是，对工作一致性协议的证明会导致网络拥堵。与之对应的闪电网络是 Raiden，能够使实现近乎实时的低成本支付和可分割支付，并且实现了对 ERC20 令牌的全面兼容。

（2）Ripple 则瞄准了国际资金转账，由于通过 SWIFT 系统转账缓慢且不透明，它建立了一个基于区块链的系统，使银行能够利用该系统发行票据或结算债务。在 Ripple 网络上支付费用使用 XRP（即 Ripple 令牌），XRP 能够作为"桥梁货币"实现两个不具有任何信任关系组织之间的价值转移。在金融实践中，XRP很少作为投机资产，人们更多的是讨论到底有多少银行在使用 Ripple 以及 XRP是否真的有必要。

（3）Stellar 是一个开源的、基于区块链的支付协议和价值转移基础设施，旨在方便金融机构发行代表法定货币的代币，它目前的发展重点是在发展中国家实现普惠金融。Stellar 具有内置的分布式价值交换功能，允许人们在跨境货币交易中无缝地从一种货币转换到另外一种货币。总的来说，这些基于区块链的加密货币都与比特币具有千丝万缕的联系，都具有不同程度的性能问题，以及二层旁路式的类闪电网络解决方案。此外，区块链也不是金融科技创新中唯一的基础加密技术，其他的加密技术方案如 Swirlds 的 HashGraph 技术和 IOTA 的 Tangle 技术也能够解决扩展性和性能问题。

需要特别介绍的是比尔和梅林达·盖茨基金会（Bill & Melinda Gates Foundation）投资开发的 Mojaloop 移动支付软件，它由共享、开放、基于标准的组件支持，并由直接参与者管理，致力于创建一套国家层面的数字金融服务系统。Mojaloop 是一个开源支付平台，目的在于鼓励为世界上没有银行账户的人开发可互操作的支付网络，它也使用了 Ripple 开发的跨链（Inter Ledger Protocol，ILP）技术。从未来来看，金融系统中一定不会只存在一个单一的全局区块链，而是会成为很多区块链共生的系统，因此各区块链之间必须具有互操作性，这也是分布式账本技术的核心愿景之一。ILP 技术的开发目的是解决银行和支付供应商一直以来所面临的互操作障碍，它走出了传统支付、移动支付和基于区块链系统之间的互操作性的第一步。Mojaloop 希望能够将提供支付服务、共享支付信息的金融机构、支付服务供应商与其他公司最终通过 ILP 连接起来。从普惠金融的发展预期来看，它有可能会成为普惠金融开发的首选平台，无论提供商的软件和服务如何，该软件都允许数字支付在所有地区实现安全、可互操作和规模化应用。作为最初针对非洲最贫穷国家推出的移动支付解决方案，通过 Mojaloop 可以在全世界实现免费支付，这与 Paypal 的收费政策是完全不同的。盖茨基金会发表的关于 Mojaloop 的声明提到，"数字支付的互操作性是金融服务行业需要克服的最大障碍。随着 Mojaloop 的推出，终于实现了可以应用于任何服务的解决方案，我们邀请银行和支付行业来探索和测试这个工具"。

在以比特币为代表的加密货币的兴起过程中，传统的国际信用卡网络和 SWIFT 也在与时俱进，做出了各自的反应。维萨（VISA）申请了基于区块链技术的多项专利，并启动了使用区块链构建 B2B（Business - to - Business）支付系统的试验阶段。万事达（Mastercard）也申请了很多区块链专利，主要集中在缩短支付时间、为加密货币用户提供退款等领域。此外，万事达也加入了企业以太坊联盟（Enterprise Ethereum Alliance，EEA）。为了更好地服务 B2B 和跨境支付，万事达提供了访问其区块链的开放 API。美国运通（American Express）则加入了由 Linux 基金牵头组织的 Hyperledger 区块链项目，并使用 Ripple 的区块链进行了试点以连接桑坦德银行在欧洲和美国的客户。基于区块链平台，SWIFT 在 2017 年启动了全球支付计划（Global Payments Initiative，GPI）。目前 GPI 计划的第一阶段已涵盖亚洲、美洲、欧洲和非洲的 120 家银行。GPI 计划的目的在于提高跨境支付的速度、透明度和实现端到端的跟踪，从而改善跨境支付的客户体验。

四、支付服务指令及启示

金融支付革命的兴起和发展也引起了世界各国政府的重视，其中最具前瞻性的是欧盟新出台的《支付服务指令Ⅱ》（*Payment Services Directive* Ⅱ，PSD Ⅱ）。路透社称其是"打响了银行业与金融支付之战的发令枪"，是"迈向欧盟数字化单一市场的重要一步"。PSD Ⅱ作为一项技术性立法，不仅为金融支付市场引入了更多的良性竞争，也打破了银行业长期以来对客户交易信息的垄断控制。PSD Ⅱ作为一种具有深远影响的立法创新，不仅会迫使传统金融机构和信用卡发行商等传统支付服务提供商改变业务模式，也为新成立的金融科技公司和亚马逊、谷歌、苹果等科技巨头提供了新的市场机会，同时也为从事点到点转账的公司和收集消费者个人信息、分析数据并进行营销的公司提供了前所未有的机遇。有鉴于 PSD Ⅱ对市场的正面引导效应，其他国家也在纷纷考虑效仿欧盟。金融监管作为一种有效的政策工具，能够鼓励创新、促进市场竞争和经济发展。本章将从这个角度来说明 PSD Ⅰ不成功和 PSD Ⅱ成功之处，并通过 PSD Ⅱ引导市场快速变化和技术迅速发展的历程，为我国在制定金融监管政策的过程中如何走在市场和技术的前面提供有益的参考。

（一）《支付服务指令Ⅰ》及回顾

长期以来，欧盟内部各成员国的支付体系都是按照国家路线组织起来的，这种分散的支付体系与欧盟单一市场的目标是相违背的。在此背景下，作为金融支付服务监管的一项尝试，2007 年欧盟首次发布了《支付服务指令Ⅰ》（PSD Ⅰ），并要求各成员国于 2009 年正式实施该指令。PSD Ⅰ是一项最大限度的协调指令，各成员国不能通过增加超出指令条款范围的额外限制，其目的在于将鼓励创新、促进市场竞争和经济发展等目标结合起来，帮助欧盟在形成商品和服务的单一市场方面更进一步，并实现金融支付服务方面的良性竞争。在具体发展目标上，PSD I 主要包括三个方面的内容：①协助发展欧元区的跨境支付系统，形成单一欧元支付区；②规范金融支付业务，鼓励非银行机构进入支付市场；③通过标准化的条款和设定最高支付处理时间增强对客户的服务，并加强对客户交易数据隐私的保护。在 PSD I 的所有条款中，最基本的是非歧视性条款，用于确保任何在内部市场竞争的金融支付服务提供商都能够以匹配的条件使用现有的全部"技术基础设施提供的服务"。从整体和历史的角度看，PSD I 具有重要的时代开创性意义，它试图打破银行之间的固化联系，改善各国司法管辖区和欧盟各成员国边界内的竞争和创新，为未来的工作奠定了坚实的基础。但是由于金融科技的迅速发展，新的金融支付形态不断出现，加上市场所遵循惯例的强大惯性，该指令未能获得完全成功，但这并不影响它的历史性地位和突破性作用。

在 2009 年 PSD I 生效后不久，欧盟组织了一次独立审查，对该指令的有效性进行核查。伦敦经济研究所负责此次独立审查，于 2011 年提交了最终报告。伦敦经济研究所的调查主要涉及转账、支付服务收费、市场分割和所谓的"单腿"交易（资金从欧盟国家流向非欧盟司法管辖区的交易）。审查报告首先肯定了 PSD I 的积极作用，它为建立欧盟金融支付服务单一市场提供了有利帮助，增加了支付市场的透明度和执行速度，对提高整个欧盟的商业效率大有裨益，但同时也指出其中有一些明显的不足。审查报告指出，自 2009 年该指令生效以来，几乎没有证据表明支付市场出现任何结构性创新，与之相关的金融科技初创企业寥寥无几；已有的金融支付提供商也没有抓住这个机会，利用该指令下的牌照特权在欧盟各成员国内开展业务。根据 PSD I 的要求，无论是在欧盟管辖的单一市场范围内，还是跨越欧盟领土范围的其他成员国，提供金融支付服务的企业都必须得到当地或"母国"金融监管机构的授权。实际上，到 2012 年底也只有 568 家授权支付机构，其中约 40% 还仅是为向非欧盟国家汇款而申请授权，申请授权也多是因为在欧盟的外国劳工需要向其家人汇款。在不同的欧盟司法管辖区内，尽管 PSD I 有明确指令要求，各成员国的金融支付供应商的结构仍存在很大差异；金融机构约 85% 的 API 也是在该指令生效之前就已经提供的，没有证据表明该指令为金融支付市场引入了多少新的竞争。审查报告还发现，金融支付服务的牌照使用在不同司法管辖区之间存在很大的差异，即使使用了 PSD Ⅰ 的立法机制，支付服务供应商也只能在少数欧盟成员国内运营；同时，获得牌照的过程通常是漫长而复杂的，主要原因在于客户保护缺乏协调和各成员国的反洗钱措施。

PSD Ⅰ 的立法目的之一，本来是希望确保 5 万欧元及以内的国内和跨境支付费用相等，结果在某些情况下，却导致这两种类型的反诉讼被收取更高的费用或者征收了新的费用。该指令最初的目的并不能完全实现，反而在一些情况下产生相反效果。一些欧盟成员国还对不同的支付工具进行差别收费，无形中增加了商户信用卡交易的费用，这些费用甚至有可能超过信用卡公司对商户的实际收费成本，这与指令中保护消费者权益的目的是完全矛盾的。审查报告同时指出，确定和强制商户接受信用卡支付的真实成本可能是异常复杂和困难的，PSD Ⅰ 明显对这些困难估计不够。从本质上说，金融支付服务需要在指示支付方、资金接收方、持有待转账资金的企业和接收资金的组织之间提供安全的信息传递，但审查报告分析，PSD Ⅰ 中"公共服务电子化"计划下的付款与"数字货币指引"所规定的"数字货币"付款的条款存在混淆之处。审查报告认为，信息传递安全性的重要程度，消费者可能并不清楚。有不少支付服务提供商（如预付卡供应商、自动柜员机运营商、货币兑换商等）不接受或者规避该指令的规定，从而获得了不公平的竞争优势。审查报告的另一个重点审查领域是"单腿"交易，这类交易多是欧盟的外国劳工给家人的汇款，对这类转移支付的豁免和其他类似豁免引起了很多一般支付服务供应商的困惑，哪些交易受指令保护、哪些交易不受指令保护往往容易引起误解。审查报告建议对这种类型的转移支付与欧盟内部支付同等对待。对未经客户授权支付的责任，指令在实际执行中也存在较大的混乱。第 61 条客户责任限制中规定客户责任以 150 欧元为限，但顾客欺诈或重大过失等情况除外。欧盟各成员国的执行各不相同，每个司法管辖区对证明"欺诈或过失"的证据裁量存在明显差异。此外，报告也发现，对于该指令所要求的顾客投诉安排，各成员国之间明显存在很大差异。

根据伦敦经济研究所的独立审查报告，2012 年欧盟委员会发布了一份咨询性的绿皮书《面向信用卡、互联网和移动支付一体化的欧洲市场》，重点仍是发展跨境支付。由于担心信用卡公司继续主导欧盟内部的消费者支付体系，欧盟委员会希望"推出创新、安全和易于使用的数字支付服务，并为消费者和零售商提供有效、方便和安全的支付方式"，这一点绿皮书中也有反映。

(二)《支付服务指令Ⅱ》及特点

根据伦敦经济研究所的独立审查报告和金融科技的快速变化，欧盟迅速响应并于 2015 年发布了新的《支付服务指令Ⅱ》（PSD Ⅱ），要求各成员国在 2018 年 1 月前在各自的司法管辖区内实施。PSD Ⅱ 废除并取代了 PSD Ⅰ 中的所有措施，原 PSD Ⅰ 中的许多条款在 PSD Ⅱ 中被重新修改制定。同时 PSD Ⅱ 也要求欧洲银行管理局（European Banking Authority，EBA）制定一系列具体的技术性指导以充实该指令。PSD Ⅱ 的主旨是加强安全措施和对消费者的保护，通过减少金融支付服务监管中的各种豁免，建立更加公平的市场竞争环境，并出台两项新的创新安排，即账户信息服务供应商（Account Information Service Providers，AISP）和支付启动服务供应商（Payment Initiation Service Providers，PISP）。总的来看，PSD Ⅱ 的主要目的有四个方面：①协助整合欧盟支付市场；②鼓励支付服务提供商降低支付价格；③通过鼓励金融科技以及移动和互联网支付服务方面的初创企业促进竞争；④引入更好的客户保护措施，防止欺诈和其他市场地位滥用，提高客户对电子支付的信心。

PSD Ⅱ 首先对指令的范围进行了明确规定，取消了 PSD Ⅰ 中企业经营活动不受监管的若干豁免，只用于从指定业务列表中购买商品和服务的支付安排也被纳入指令范围。与 PSD Ⅰ 中一样，以慈善为目的的筹募资金的支付和在公司内部进行的支付仍无须监管；在第一阶段可持续发展指引下，实物现金和以纸质为基础的付款工具也不在该指令范围内。PSD Ⅱ 扩大了监管范围，纳入了欧盟单一市场以外的支付服务提供商发送或接收的付款，以及非欧盟货币的付款，解决了此前一直存在"单腿"交易问题。需要特别指出的是，PSD Ⅱ 仅限于监管那些不接受存款或发行数字货币的支付服务提供商，接受存款的公司（银行和类似信贷机构）将继续受到资本要求指令Ⅳ（Capital Requirements Directive Ⅳ，CRD Ⅳ）的监管。此外，PSD Ⅱ 与 PSD Ⅰ 相比，对金融支付机构的授权和监管并无实质性改变；EBA 的任务仍是确定标准，即确定获得授权的公司所需的专业赔偿保险或其他形式担保的最低金额，以及公布授权的支付服务提供商的中央公共登记册。PSD Ⅱ 也要求所有金融机构通过 API 提供的信贷，API 必须与支付服务紧密相连。为了加强欧盟各成员国之间的合作，PSD Ⅱ 要求 EBA 牵头协助解决各成员国金融监管机构之间的跨境纠纷，EBA 也有权在必要时交换数据以协助监管，PSD Ⅱ也就这一问题发布了指导性意见。PSD Ⅱ还包含了其他各种消费者保护措施，比如针对欧盟合法居民的国籍或居住地的反歧视条款、禁令的透明度等，也允许各成员国在发生大规模欺诈等紧急情况下采取预防性金融措施。

PSD Ⅱ作为一项具有代表性的立法创新和政策创新，旨在促进金融科技在两个方面的发展：第一个方面是收集、汇总和分析来自消费者支付交易的信息，PSD Ⅱ中将其描述为"账户信息服务"（AIS）；第二个方面是建立商户网站和在线银行平台之间的桥梁软件，客户通过商户账户即可发起支付，PSD Ⅱ将其归类为"支付启动服务"（PIS）。指令第四款 15 条将 PIS 定义为"应支付服务用户对另一支付服务提供者支付账户的请求发起支付订单的服务"，表明这是一个安全的信息传递系统，能够保证在任何阶段 PIS 提供商都不会持有客户的付款。这种服务的提供商一般被称为 PISP 和 AISP，有时也被统称为第三方提供商。比较广泛认可的观点是，这种新的第三方支付服务提供商有可能发展出为消费者提供新服务的新型金融服务业。PSD Ⅱ也明确指出这些条款对"账户服务支付服务供应商"（ASPSP）同样适用，这类供应商主要指类似银行的消费者支付账户所在的公司。根据 PSD Ⅱ的条款，客户必须明确同意使用 PIS 和 AIS 的支付安排，客户和 PISP 或 AISP 之间无须额外签订合同，PISP 与向客户提供商品或服务的商户之间也无须额外签订合同。客户与 PSP 之间签订的合同可以是临时的，既可适用于单个支付事务，也可以是持续合同下的支付设置；若是后者，客户必须能够免费终止合同，且通知期限不得超过一个月。PSD Ⅱ同时要求所有的 PISP 和 AISP 都必须确保客户的个性化安全凭据不得与其他第四方共享，并且它们也不能存储敏感的支付数据。由于这两个方面的创新都能够使第三方有机会和条件深入研究消费者的支付账户，为此 PSD Ⅱ委托 EBA 开发了"安全客户身份验证"（Secure Customer Authentication，SCA）技术。

无论是 PSD Ⅰ还是 PSD Ⅱ都注重对消费者的保护，PSD Ⅱ中明确表示，为了实现指令期望的目标，"客户的信任至关重要"。基于 PSD Ⅰ开发对真实个人客户提供的保护，PSD Ⅱ指出欧盟各成员国有权将指令保护范围扩展到小微企业。PSD Ⅱ为保护消费者提出了一项重要政策，该政策规定任何涉嫌未经授权的支付交易必须立即得到赔偿，除非商家高度怀疑未经授权的交易源自欺诈行为，且这种怀疑必须基于客观理由而非主观判断。同时，指令规定未经授权的支付交易必须提交给国家金融监管机构，PSP 应在合理时间内进行调查，在八周内需完成向客户的退款。除客户有欺诈行为或重大过失，客户在通知 PSP 之前只需就其支付工具的任何遗失最高承担 50 欧元的赔偿责任，重大过失除由国家法律规定外，任何组织无权规定，PSP 任何试图改变或转移跨境举证责任的合同也都是无效的。PSP 或 PISP 需对客户在支付链中的任何故障程度承担责任，但如果由于客户个人原因使用了错误的收款人标示符，PSP 无须承担任何责任，仅有义务配合做出合理的努力帮助客户追回资金，包括向客户提供信息以帮助追查丢失的资金。如果 PISP 发起的支付是未经授权的、未执行的、有缺陷或延迟执行的，AS-PSP 必须立刻退款给客户。此外，PSD Ⅱ 还规定，转移的全部款项应完好无损地到达目的地，不收取超过最初商定数额的任何费用；所有以欧元或其他成员国货币支付的款项，最多应在一天内执行，除另有约定外，所有其他付款也应在同一时间内完成。

为了增强金融支付市场的良性竞争，PSD Ⅱ 中有一个广泛适用的要求，欧盟内部参与支付系统的成员国，必须以非歧视的方式向已获得授权的支付服务公司提供访问权限。在安全方面，指令认为安全保障措施必须与安全风险对等，PSP 需要实施各种能够减轻安全风险的措施，并向所在国家的金融监管机构提供这些评估报告，并保持定期更新以降低安全风险。如果有重大安全事件，PSP 有义务迅速向所在国家当局报告。对于消费者的投诉处理，PSD Ⅱ 要求各成员国有义务为消费者和 PSP 之间提供容易获取、独立公正、透明高效的替代性争端解决机制，PSP 亦必须有合理的争端解决流程，且必须在收到投诉后的 15 个工作日内对投诉做出明确回复。此外，PSD Ⅱ 还提出了一项新的服务，即资金可用性确认服务，允许有客户许可的第三方从客户到 PSP 那里获得确认，以保证有足够的资金支付款项。由于对信用评估并没有太多帮助，这一工具在实践中有多大作用，目前尚没有案例和评估，还需要进一步的金融科技创新去挖掘。

为了保证 PSD Ⅱ 的实施，EBA 做了一系列的工作以确保项目的安全性和有效性，比如构建欧盟和各成员国之间需要的信息交流机制和相关技术标准，包括对 PSP 提供单独指导以应对欺诈行为。EBA 也就上述的中央公共登记制定了一套即时通信服务和执行技术标准，保险赔偿领域也包含在内，此外还在安全措施、SCA、重大事件报告和投诉处理等方面发布了重要的技术指导。作为保护客户和企业的安全措施的一部分，PSD Ⅱ 要求 SCA 在进行电子支付前需要对客户的身份及其进行交易的权利进行双重认证。但也有观点认为，这些服务容易造成新的支付服务漏洞，更安全的做法是与支付金额和收款人账户建立动态链接，以便在出现错误或欺诈性攻击时使风险最小化。虽然 PSD Ⅱ 原则上要求所有的电子付款方式都必须符合 SCA 的要求，但为了避免对所有的交易都要求相同条件的担保，对部分情况给予了豁免，比如用语终端非接触式支付的低金额交易并不需要 SCA。

五、欧盟经验对我国的启示

从 PSD Ⅱ 的监管重点和实施情况看，欧盟立法程序的主要目的是对移动支付和数字货币进行监管，在监管过程中欧盟注重机构监管，重视安全性和创造公平的良性竞争环境，致力于保护消费者的资金安全和信息安全，并建立投诉处理通道和权利救济渠道。PSD Ⅱ 也重视防范和打击洗钱犯罪，最终以制度化的安全管理实现消费者权益保护。此外，通过保持移动支付领域的开放性和包容性，消除了各成员国之间的制度障碍，解决了各系统之间的互通互联，为金融科技初创企业提供了有利的市场准入环境。

PSD Ⅱ 的实施有统一的监管体系和技术标准。欧盟委员会和欧盟理事会统一立法，制定了数字货币和移动支付的监管法律法规。欧洲央行具体负责监管数字货币及其发行机构，协调各成员国执行统一的监管政策，并推动成立欧洲支付委员会。移动支付的核心业务规范和平台技术标准，则由欧洲支付理事会负责制定和执行。PSD Ⅱ 的立法目的是促进欧洲单一市场的建立，在金融支付方面的目标是促进建立单一欧元支付区，因此注重移动支付监管标准的相对统一。实际上PSD Ⅱ 也是一项最大限度的立法规范。按照规定，欧盟各成员国必须在规定时间内将上述法律法规、监管要求、技术标准和实施规范落实到各司法管辖区的法律中。PSD Ⅱ 有明确的机构准入和退出要求，在欧盟开展移动支付的支付服务提供商一旦取得执业执照并登记备案后，即可在欧盟范围内从事授权事项内的移动支付服务；对违反欧盟法律的支付服务提供商，则根据情况公开撤销其经营资格。整个过程清晰、透明、公开。

从 PSD Ⅱ 的制定和执行情况看，欧盟非常重视金融支付服务的安全性，要求支付业务和非支付业务分离、数字货币发行机构自有资金与未兑现的客户数字货币资金分离，并对公众保证金的用途做出了明确规范；同时要求移动支付服务提供商建立明确的安全策略，并持续监测评估自身潜在风险和及时修改隐患，以保证支付服务的安全。为了反洗钱和保护消费者隐私，一方面限制数字货币的交易金额以缩小洗钱的犯罪空间；另一方面要求移动支付提供商严格履行用户身份实名认证制度，同时规定需要对客户敏感信息采取高级别保护，数据的修改必须首先经过客户身份验证，以确保敏感的支付数据和个人信息在安全的环境中保存和传输。为保护消费者权益，欧盟主张对消费者实行普遍的权利救济，要求移动支付提供商应向用户提供咨询、投诉、支援、异常警告等服务，并引入第三方机构参与；同时，移动支付提供商也有权对可疑或高风险交易展开过滤和评估。为了促进金融科技的发展和创造良好的市场环境，欧盟保持了高度的开放性，欧洲央行和欧盟支付理事会致力于建立统一的支付准则，并通过改造金融基础设施，促进各成员国之间的互联互通，有效地降低了支付成本。此外，在金融科技发展迅速、技术不断变革的情况下，欧盟坚持对金融科技创新的包容性，在移动支付领域内保持 NFC、云钱包和电信计费三大技术的良性竞争，没有在技术标准上表现出明显倾向，进一步制定了《移动非接触 SEPA 卡支付互通实施指南》和《移动非接触支付服务管理规范》等法规，为各成员国市场参与服务参与者提供服务标准和规范，营造了公平的竞争环境。

欧盟的经验为我国移动支付提供了大量有益的启示，从移动支付监管的角度看，未来的政策指导需要重视以下四个方面：

（1）明确金融监管机构的主体责任，建立层次清晰、职责明晰的移动支付监管体系。要主动确立相关部门在移动支付监管领域的地位，制定统一的行业标准；要确保金融监管机构在统一监管的框架内，对各自职责范围内的移动支付展开业务管理，做好消费者保护和反洗钱工作；此外还应统筹非金融领域的移动支付技术标准制定，同时将移动支付违法行为纳入监管视野。

（2）借鉴欧盟在移动支付领域的立法创新经验，加快相关法律法规的制定和修改。要主动提高立法层次，出台专门的支付服务法律，充实移动支付的监管法律依据；要根据金融科技创新的实践完善和修改现有法律法规，加强消费者保护和反洗钱，为反对不正当交易和欺诈等行为提供法律支撑。

（3）结合我国实践，坚持准入和业务双重监管。要有预见性地研究和建立统一的移动支付服务提供商准入和退出标准，加强对移动支付服务提供商的管理；还要持续跟踪行业动态，根据移动支付的发展趋势，完善监管规则和加强监管手段；此外还需要促进各地区监管部门的横向联系，重点关注移动支付领域的资金存放和运用、客户信息安全、大额资金流动、支付服务提供商经验状况等，防范出现系统性金融风险。

（4）发挥行业协会的辅助监管功能，强化行业自律。移动支付行业协会要为出台或修订监管规则提供信息支持，受理并分类消费者的日常小额投诉；注重发挥行业协会的业务指导功能，制定移动支付的业务操作标准、机构评级标准、行业自律要求和会员权利义务等；要重视对行业发展现状及存在问题的调查研究，加强交流合作和数据分析，促进移动支付领域的健康发展。

六、本章小结

金融支付的革命正在不断酝酿，未来将不仅仅是移动支付，更不仅仅是区块链上的点对点支付。随着金融支付技术的迅猛发展，无论是从现金支付到数字支付，还是从批量支付到即时支付，都有着无限的可能性。在传统金融支付的图景中，从中央银行到金融基础设施以至分布式的商业银行，支付服务都面临着支付标准、支付技术等一系列挑战。随着消费者对移动支付和即时支付的期望日益增长，以及金融监管环境的不断变化，一个由商家和消费者构成的新金融支付生态系统正在随着金融科技的发展而成形。基于区块链的支付事务和非银行支付，已经绕过了传统的支付基础设施和商业银行系统。金融监管标准化、区块链技术、即时支付和开放 API 接口成为新的支付生态系统的关键推动者。但是各国之间缺乏协调和统一标准，以及日益增长的网络安全风险，兼之平台规模需要应对的支付事务的指数增长，这些问题都在考验着新的支付生态系统的发展。

移动支付具有移动性和便捷性的优势，但相比传统支付手段，在保护账号隐私、确保数据安全、防范诈骗等方面面临着更大的挑战。欧盟在移动支付领域起步较早，管理措施也更为规范和具体，借鉴 PSD Ⅱ 能够为我国在移动支付监管方面提供有益的参考。但受制于金融科技的发展状态，PSD Ⅱ 也有其不足之处，比如 PIS 确实有可用性，但在改变客户的支付方式方面，目前作用还不明显，与使用信用卡或借记卡进行支付相比，PIS 也并未给消费者的生活带来明显变化。由于金融科技和技术变革影响了市场和客户的行为模式，欧盟也需要对整个移动支付领域进行密切审查，欧盟支付理事会也承认，移动支付的发展很大程度上还取决于欺诈预防措施，即使 SCA 在此方面也可能不堪一击。欧盟需要持续评估移动支付市场是否在朝着预定的目标前进。尽管存在不确定性，PSD Ⅱ 依然为金融科技在支付市场的关键领域提供了颇具想象的发展空间，无论是初创企业还是科技巨头，都有机会推出自己的点对点金融支付安排，从不断增长的支付市场中获取未来的发展机会和盈利空间。

总的来看，随着科技的发展，金融科技企业的差异化经营能力不断得到增强，金融监管机构的政策更加友善，减少了初创企业进入金融领域的政策性障碍。传统金融机构和支付服务提供商也更加重视和改善与客户的互动，特别是在互联网背景中与客户物理联系有限的情况下，它们只有投入更多人力、物力和资金在基于机器学习的欺诈管理技术、机器人过程自动化（Robotic Process Automation，RPA）工具、新的客户参与策略、替代风险模型等方面，才能在与客户互动的过程中形成创新和差异化经营。

第六章　支付革命中的银行

金融科技带来的支付革命和数字化进程给传统金融机构带来了新的挑战，对银行更是如此。金融科技公司提出的替代金融解决方案是否会造成银行效用下降，或者银行作为一个传统概念是否需要做出改变，本章对这些问题进行了说明，并提出了银行的各种适应性模型，以及阐释了这些模型在日渐广泛的金融科技应用中如何消除银行的中介属性。此外，本章还将讨论客户对银行忠诚度变化的实质，以及客户行为变化的驱动因素和这些因素如何影响客户对银行及其效用的一般性看法。

一、银行的业务范畴

银行的业务范畴实际上是一个复杂的问题，这个问题换一个说法，就是"银行是做什么的"？不同的人有不同的回答，银行有多重身份：投资顾问、投资组合经理、做市商、交易员、经纪人等。但从本质上讲，银行是一个客户存放资金的安全地方，也是一个能够为客户提供贷款的机构，此外它还提供了通过金融支付实现价值转移的服务。在金融科技颠覆性创新的背景下，银行既要保持其传统业务，也要不断主动或被动推出新的金融服务以适应客户的需求。即使是传统的存贷业务，银行也在不断进行金融产品和服务创新。银行在获得客户的存款后，将客户的存款通过抵押贷款、贸易融资或其他类型的信贷等创造出新的货币，并从中牟利；银行还利用客户的存款作为客户的经纪人或以自营交易方式购买债券和股票。无论贷款还是金融交易都是有风险的，为了管理或减缓风险的冲击，一般可以通过准备金、银行对冲策略、内部风险控制以及对银行（特别是交易部门）的限制进行管制。自 2008 年全球金融危机以来，银行除了要履行风险合规义务以外，各国政府和金融监管机构为了对冲潜在的市场崩溃风险，要求银行需要保持平衡的现金储备以抵消贷款的风险。银行的风险和监管机构自身的风险偏好不同，所需要的准备金各有不同。准备金在大多数国家按规定需要是该国司法管辖区内贷款额的 10% 甚至更多。因此从资金使用方式上看，准备金会降低银行的资金使用效率。此外，对于那些无法偿还或拒不偿还的贷款，实质上所有客户在支付额外费用。银行还将信用风险纳入了盈利模式，因此客户同时也在为复杂的风险管理系统和流动性余额支付额外的费用。

管理信贷风险需要银行对发出贷款请求的客户进行非常彻底的尽职调查，以确保不向那些偿还能力较低的贷款人发放贷款，从而避免推高风险状况和贷款成本。对于需要贷款的客户而言，金融信贷市场的门槛其实是较高的，他们需要证明自己的信用能力和社会身份才能获得贷款。此外，在很多情况下还需要以担保或抵押品的形式提供一些额外的贷款保证。这种过高的银行业务门槛，对大多数发展中国家的贫困人口而言是一种负担，无论他们是否想获得贷款，银行账号都不太容易获得，更遑论银行的金融服务。但对这些贫困人口，特别是小型生产者和商人来讲，获得信贷是他们摆脱贫困所需要的最重要资源。由于银行的总体资产规模庞大且在国民经济中占有重要的地位，为了防范金融系统性风险，各国政府通过央行、金融监管机构和其他服务监管部门对银行实施了严格的监管。除了上述所说的银行准备金外，通行的金融监管政策还普遍对银行的业务管理和风险评估采取控制措施，甚至规定银行只能向符合某些具体条件的客户提供贷款。考虑到银行是很多客户的现金保管人，特别是 2008 年金融危机中银行的失败案例，这些监管法律法规显得更有必要。所有这些都意味着经营一家银行不仅成本高昂，而且涉及复杂的监管体系和管理体系，最终这些成本还是会落到市场中广大的消费者身上。

除了货币市场和资本市场交易以外，大多数银行还提供企业融资、股票或债券发行，并在二级市场中进行交易，这些交易要么是代表客户，要么是自营交易。不管怎样，这些二级市场和衍生品市场的交易要么成为银行巨额利润的来源，要么成为巨额亏损的来源，正如 2008 年金融危机中的抵押担保证券（Mortgage – backed Securities）。为了支持这些复杂的市场经营行为，银行组建了由投资顾问、分析师、产品专家和市场专家组成的专业交易部门。这些员工由于具有提供发行建议、预测市场走势以及产品创新方面的能力和专业知识，通常都拥有较高的薪资报酬。这些制度的背后有以下几个重要因素：

（1）银行规模大小和资金安全。"太大而不能倒"的故事随着2008年全球金融危机已被广大市场客户所知。但即使是规模较小的银行，金融监管机构也要求其必须拥有多元化的资产支持以确保安全。资本比率进一步提出了准备金要求，对于在资本市场发行或进行交易的银行，准入门槛更高了，因此能够支持发行的银行数量始终相对较小。

（2）安全监管。为了保证广大市场消费者的资金安全，金融监管机构希望银行能够达到它们所期望的标准，否则不仅银行会面临监管处罚，监管机构也会受到公众的指责。总体上来看，虽然经常有各种各样的金融丑闻被曝光，但实际上在现行监管机制下，银行的安全性和可靠性仍是非常高的。

（3）身份和信用担保。从金融发展的历史看，银行一直为客户在很多关键方面提供了身份担保。在很多情况下，银行还为客户的身份提供担保。如果没有银行账户，人们不仅无法进入银行和金融系统，还无法获得一些金融服务，甚至就业和出行、住宿等也会受限。

（4）金融产品。在日常生活中最常见的银行类金融产品是活期账户（包括支票）和贷款（包括抵押贷款和付款），无论是通过ATM、电子转账、移动支付等方式即时存取现金，还是与活期账户、抵押贷款以及存贷款相关的固定利率，都需要对客户的投入和支出进行担保。从客户的角度看，所有产品都有银行的内置保证，也知道会得到什么或者付出什么。这种保证还由央行和金融监管机构进一步担保，所以对客户而言实际上相当于一种确定的承诺。本章还将会更详细地介绍这些金融产品及其新的替代产品。一些关键的金融工具（如货币和支付转账等），则由央行垄断使用权。无论金融科技如何创新，在绝大多数场景中，交易都限制在央行的金融基础设施中，这主要是因为交易需要通过公共认可的货币和安全、可验证的账户进行，同时交易的银行还要获得央行管理的支付传输系统的授权。

（5）客户熟悉度。客户对金融产品和银行的熟悉度经常表现为一种"惯性的力量"，实际上是一种消极的客户忠诚度。这种现象的产生主要基于两种社会心理：一是偏见，哪怕知道未知的新事物更有助于构建社会，但对客户在现有产品和竞争产品之间做出合理判断没有任何帮助；二是感知的努力与实际改变的努力客观上不成比例。比如2012年巴塞尔协议中经常账户转换成新规则时，一些国家的政府和银行都认为会出现大量资金外流，但事实上当时并没有出现这种现象。

二、银行服务和新型替代品

为了便于讨论银行服务及其替代品，本章将银行的服务分为不同的类型。信用卡和保险业务一般不是由银行经营，而是由代表银行的第三方所经营的，故将这些服务排除在外。

（一）活期账户和电子钱包

银行最常见也最突出的业务是活期账户（或支票账户），客户把钱存在银行，需要的时候再从银行取出来，一般来讲，活期账户具有以下特点：①保留余额，包括当前实际余额、基于远期支付和汇款的虚拟余额、结算中的支付交易等；②客户的账户由银行维护，客户通过银行系统进行操作；③与交易相关的支付在客户确认后由银行处理；④在大多数情况下与客户的信用卡、借记卡或电子钱包相关联；⑤可能会与在同一家银行持有的平行账户相关联；⑥银行根据账户余额支付利息给客户；⑦受到各国政府担保的金融保护。考虑到客户的活期账户可能分布在不同银行的不同物理分支机构，活期账户还具有其他三个特点：①账户中货币的实际状态是已清付的货币；②表明了客户的结算余额状况；③基于已达成协议但尚未清算支付的各种余额。利息也是一个需要考虑的因素，所有这些资金的进出都将在任何时间对任何一个账户上的各种余额做出贡献。

在过去的金融系统中，消费者除了银行并没有太多地方来存储资金，诚然也可以购买企业或商家发行的预付卡或储值卡，但是这些代金券形式资金的存储方式和使用范围都是很有限的。目前可用的替代产品主要是电子钱包或数字钱包，这类产品也具有类似银行的功能，但功能范围明显扩大，通常能够提供的功能有：移动或互联网支付，保留基于支付的当前实际余额或虚拟余额，与银行等可信来源链接的一次性客户身份验证，可连接到银行卡、银行账户、现金充值和移动支付应用，通常不会给客户带来利息，余额不能低于零，如果托管公司破产通常不受保护。总体来看，电子钱包作为活期账户的替代品越来越受消费者的欢迎，目前电子钱包主要有三个截然不同的市场：从信用卡交易费率降低中获益的商家、可用无缝支持互联网购物的普通银行客户、希望能够使用手机进行点对点转账的非银行和银行客户。电子钱包的明显缺点是不易获得信贷（这个问题随着托管公司的金融牌照和业务范围扩大正在改善），但其优势也是很显著的，尤其是在发展中国家和落后地区，它能够解决无银行账户客户的交易支付问题。电子钱包最常见的载体是手机和网络，在全球近一半人口仍没有银行账户的情况下，发展中国家仍有80%以上的人口拥有手机，这就提供了一个非常重要的普惠金融机遇。很多电子钱包都需要与银行账户相关联，但实际上人们也可以通过移动通信供应商持有电子钱包，这样就解决了银行金融服务供给不足的问题。

电子钱包最新的发展趋势和演化方向是加密货币，加密货币必须放在电子钱包中，并且到目前为止加密货币实际上是独立于主权货币的。加密货币与传统流通货币相比，实际价值相对较低，但是自2017年以来这种情况正在发生变化。这是因为市场注意到了加密货币的价值，如前所述，加密货币不仅价格开始飙升，而且逐渐演变成为一种投机资产。从加密货币的本质看，加密货币的价值没有传统货币理论上的限制，很多国家的央行开始认真考虑是否需要发行从属于国家主权的中央银行数字货币（Central Bank Digital Currencies，CBDC）。如果央行数字货币发行，将对传统金融系统和银行产生非常巨大的影响。因为电子钱包可以独立于传统的银行并使客户能够在安全的情况下实现点对点的数字货币支付，这种支付可以由央行直接支持而无须传统银行作为中介。这将极大地改变目前银行依靠客户存款作为支撑的生存和经营方式，并在银行需要遵守的准备金中留下一个很大的缺口。此外，影响无银行账户的因素是，基于加密货币的这种账户类型在金融史上从没有被接受为信用证明和担保，因此目前正在研究和推出评价其信誉的方法，未来此方面可能会出现新的金融创新。

客户的各类储蓄存款是在银行所持有的第二类存款账户，客户可以在固定期限到期后使用或在特殊情况下以限制性方式使用，同时可以获得银行提供的储蓄存款利息，银行则可以更有效地预测在给定的时间内有多少资金可供使用。此外，还有一些介于活期账户和储蓄存款账户之间更灵活的方式，如零存整取、通知存款、定活两便等，这些都是一些混合的方式。这些账户的主要特点在于，它们都会提供形式不同的利息，但余额不能低于零，客户需要在约定的时间间隔内根据余额支付或约定时间到期时支付。在很多情况下，根据储蓄存款的协议条款，客户可以在条款约束下通过这些账户进行支付或接收支付。与储蓄账户部分等价的是债券，它是政府或公司发行的债务工具，有约定的固定收益率。但与储蓄账户不同，它没有修改约定条款的灵活性，只允许在二级市场进行交易。尽管与股票一样都可以在二级市场进行交易，但债券与股票有很大不同，股票是一种灵活的投资工具，投资者购买股票后便可拥有与股票价值对应的公司所有权，而不是贷款或权益证明，并且股票的价值会随着发行机构感知价值的波动而发生变化，因此股票既缺乏银行储蓄存款账户的安全性，也缺乏债券的安全性。股票的优势在于收益，随着发行公司的市值增长可能会获得很高的回报率。实际上，债券和股票都是一种金融工具，储蓄服务正在转向交易服务。

（二）银行贷款和 P2P、众筹

如上所述，如果银行只是单纯地持有客户的资金，不仅没有发挥资金的用处，银行还需向客户支付利息，溢价账户和公司账户等例外情况除外，这样对银行来讲是典型的净亏损。在负利率经济体内，银行甚至会向储蓄账户收费以减少亏损。因此，银行为了盈利必须将客户储蓄的资金借出以形成贷款，这样才能收取贷款利息，而且银行借出的不只是客户储蓄的资金，实际上只要银行持有的规定货币储备满足金融监管部门的要求，银行借出的贷款资金可以是储蓄资金的很多倍。这意味着，监管机构通过为存款准备金设定上限，就能够控制整个金融系统的资金。信用是一种比较另类的储蓄，通过透支信用，银行会在保证还款的基础上给客户无抵押贷款，担保贷款将另外讨论。通常银行贷款的关键是认为客户能够并且愿意偿还贷款，所以人们经常说"如果你能证明你不需要贷款，银行就贷款给你"。与储蓄存款一样，贷款在大多数情况下也是固定期限的，也有无还款时间限制的贷款，两种类型的贷款都需要定期支付利息。此外，还有开放式信贷，但是因为违约的统计风险较高，银行需要计划外的资金透支成本，因此开放式信贷的利率通常要比固定期限贷款的利率高得多。无论是哪种形式的贷款，银行在决定是否发放贷款时都需要评估客户的资信情况，并访问客户的社会信用记录和历史交易行为。

　　虽然贷款是银行的核心业务之一，但无论是过去还是现在，银行都从未垄断信贷发放。早在银行出现之前，商人们之间就已经开始互信放贷，并且对贷款利率做出了一些规定。在银行业高度发达的今天，信用卡作为最常见的一种借贷形式，也是属于第三方组织的。银行是企业的大型贷款机构，很多大型银行集团都以企业和企业银行业务为核心，提供利率相对较高的针对小微企业的小额贷款，以及为大客户量身定制的贷款，全球主要银行无不如此。从统计上看，80%的中小企业在前18个月内倒闭，银行的规避风险客观上使资金在资本的市场化配置中发挥了重要作用。但对商业客户来说，银行从来不是唯一的资金来源，风险投资、天使投资和政府财政支持的融资计划都是企业的资金来源。尽管风险投资和天使投资通常占的比例很小，而且专注于高增长潜力公司，向小微企业提供的小额信贷利率通常过高，但充当了银行贷款替代品的角色，也弥补了不对称情况下的风险和管理成本。与个人贷款的情况相类似，最脆弱和最贫穷的企业通常拥有最少和最昂贵的选择，这导致大量没有得到良好金融服务的小微企业，特别是发展中国家的小微企业，无法负担起能够促进企业发展的资本。

　　新兴的贷款模式正在兴起，为小微企业和个人提供了新的信贷机会。目前最繁荣的是个人对个人（Peer to Peer，P2P）贷款，它不仅适用于商业领域，在一定程度上也适用于个人，为投资者和个人提供了投资企业的平台和增长机会。尽管投机、商业诈骗等影响了P2P的发展，但不可否认，P2P已经改变了传统的初创企业投资格局。此外，众筹也在改变着传统的风险投资和天使投资的模式与格局，初创企业可以在众筹平台上展示它们的想法和创意，吸引个人的小额投资。这些新的替代品呈现出的特点是：

　　（1）对创新和创意进行评估的成本一般较低，且持股比例也较低，这意味着风险较大或规模较小的企业可能会更容易引起普通投资者的兴趣，因此与传统模式相比吸引投资的障碍较少，为更多的小微企业打开了资本市场的大门。

　　（2）社交舆论和同行评论可能比传统评估更有影响力，传统投资者评估企业市场价值的过程中，尽管提供了大量的研究和充足的数据，但往往被市场力量所否认。在新的模式中，初创企业直接进入资本市场，剔除了中间人的风险，而且众多的普通投资者没有接受过专业的投资教育，他们的选择多与市场趋势保持一致。因此从某种程度上讲，新的评估模式可能也是一件好事。

（3）尽管普通投资者缺乏投资必要的经验和知识会导致更大的风险，但鉴于普通投资者在新兴信贷模式下投入的资金相对较少，因此系统性崩溃的风险大大降低，不会发生过去大型专业投资机构作出不明智决定后引发的一系列连锁效应。因此新型模式下最重要的是确保投资者了解风险。与此同理，一些无担保的个人贷款也可以通过这种方式取得借贷便利。由于互联网平台或移动应用平台在维护成本和借贷成本方面要低于传统银行，而且在大多数情况下，投资风险由投资者承担，个人无担保贷款更容易获取。从全球金融史上看，由于小额贷款涉及资金量较小，受众也主要是社会中影响力较小的群体，因此小额贷款一直不受监管或监管较少。但随着新贷款模型和资金量的增加，无论是贷款还是投资都涉及较大的群体，各国监管机构都在探索保护消费者和贷款机构的法律法规和监管规则。

基于加密货币的 ICO（Initial Coin Offering）也是企业融资的一种新形式，本书将在加密货币一章中进行单独说明，它也是一种可能重塑贷款和投资的运作方式。与经常账户一样，央行加密货币的发行也可能会颠覆传统银行的放贷模式，因为加密货币切断了央行与借款人之间的中介联系，从而削弱了银行控制系统货币水平的能力。在借贷更为便利的情况下，资本比率会下降，更多的贷款将流向银行体系之外，替代贷款可能会激增以填补银行的缺口，更多的贷款资金除了存款之外从何处取得，也将与目前模型中所描述的不同。

（三）银行担保和智能合约

除了以个人或企业信用价值为担保的无抵押贷款外，大多数贷款都需要抵押品，这些抵押品通常是贷款客户以个人或企业资产购买的不动产或动产。以个人贷款或汽车贷款为例，客户提供的担保常与客户的房产或汽车等挂钩。贷款在不同程度上都存在风险，因此抵押品的价值一般都会高于贷款的价值。抵押贷款比其他类型的贷款风险低，因此利率一般也相对较低。抵押贷款的还款周期普遍较长，这意味着利息和利率会为银行创造一个较为长期的利润收入流。抵押贷款与无担保贷款相比，有一系列法律产权文件作为担保，这些文件承诺如果客户没有按协议偿还贷款，需要将抵押品交给银行。与个人贷款相比，企业贷款长期以来还是以有担保贷款为主，包括 12 个月现付贷款和其他形式的贷款。银行和企业共同引入了一些创造性的方法，它们通过将一件物品构建为可重复使用的物品，从而以折扣价格有效地获得了原始物品，而这些折扣价格则可以通过使用成本得到补偿。与其他债务产品相比，抵押贷款相对复杂，既可以在一段时间内采用固定利率，也可以在一段时间内采用与指数挂钩的灵活利率；此外，在多数情况下还有费用安排和买断条款，客户可以在一定的参数范围内重新协商条款。在某些国家的金融监管政策中，保险也是抵押贷款结构中的一部分，比如丹麦的监管规则，这会使问题变得更加复杂、相关条款也会更多。

在所有的企业贷款中，贸易融资是极其重要的一种形式，从历史上看，也是最为悠久且变化最小的贷款形式之一。贸易融资与零售担保贷款一样，银行会根据企业提供的担保品向其贷款，但不同的是，这些担保品是以发票、仓单或提货单形式证明的已装运的货物，而不是传统模式中的房契、地契等。贸易融资是企业现金流管理的关键。货物发运日期和卖方能够实现这些货物价值的时间，以及收货时间和制造商能够销售这些货物的时间，始终存在不匹配的问题。对于制造商而言，发货到收到货款之间也必然会产生一段时间的延迟。因此，银行的贸易融资在帮助企业完成现金流和支出缺口方面发挥着重要的作用。银行提供的融资贷款为企业在自身资金被供应链束缚的情况下继续生产和货物流通提供了必要的资本，直接提高了资源和生产要素配置的效率。就目前情况而言，全世界有一半的贸易需要依靠贸易融资进行，并且由于国际贸易市场的不稳定性，贸易融资的需求正在日益增加。如果没有银行的商业贷款，特别是贸易融资，商业的增长就很难获得今天的成就。那些没有银行账户的发展中国家的小微企业和商家正是因为被限制进入这一体系而陷入困境，无法获得有效的发展。当然，贸易融资也会受到各种商业欺诈的影响。在一些典型案例中，一些企业或个人仅凭一套造假的文件就诈骗了多笔资金，这不仅增加了银行的风险，也推高了企业进行融资贸易的成本。从全球整体情况看，尽管每年发生的贸易融资额度达到了 4 万亿美元，但仍有 1.5 万亿美元至 3 万亿美元的需求存在，一些企业或组织仍无法获得所需的银行融资服务。

随着区块链智能合约的引入，这种情况正在发生变化。智能合约这一概念本身并没有新鲜之处，而区块链赋予了智能合约新的灵魂。利用区块链技术所建立的契约链，在交易的各方之间已经预先商定并以程序的形式固化下来，因此交易条款的执行与契约的执行牢牢地绑定在一起。通过将智能合约应用到区块链平台，可以在无须银行或金融机构参与的情况下制定和验证这些协议，区块链的透明性和可跟踪性从根本上消除了欺诈，相同的方式也可用于价值转移方面的管理。一旦交易各方签订智能合约后，就形成一个不可逆的过程，将保证交易在合约约定的执行日期或情况下进行，待装运、提货后，就可以在释放流动性的基础上由交易各方按合约约定的条款预付资金。智能合约技术同样也适用抵押贷款和其他类型的担保贷款，通过区块链平台上的智能合约，资金转移几乎可以按合约条款得到保证和执行，而无须银行作为托管代理来验证各类纸质文件。在新的机制下，不仅能够解决企业现金流的问题，还有可能带来银行之外新的替代资金来源，无论资金来源如何，都是由智能合约中的担保条款提供担保，而无须再依赖银行等中介机构。对于贸易融资中存在的发票欺诈等问题，比如在传统模式中供应商可以就多笔交易向银行开具相同的发票作为证明，而银行在自己保留的分类账中，通过对账是无法发现这一点的，但从区块链角度看，由于在智能合约的每个节点上都能看到完整的分类账，这种类型的欺诈是不可能发生的。

基于区块链的智能合约与央行加密货币一起，代表着颠覆银行传统贷款角色的新技术。目前很多国家的政府和组织机构都在探索这一领域，瑞典正在尝试将土地注册纳入基于区块链的智能合约中，这是世界主要经济体中第一个明确支持智能合约的国家。但正如之前所谈论的问题，智能合约的规模仍是在实践中的主要挑战，尽管智能合约能够加快价值链的速度和执行效率，仍然需要必要的资金来源，可实际上在大多数情况下资金来源仍是银行。如果央行能够发行加密货币，就可以改变这种情况，将匿名加密货币以及基于智能合约的众筹应用于贸易融资的 P2P 系统中，中小企业甚至个人就可以参与贸易融资，通过彼此的支持而不再需要依靠银行获得资金。众筹实际上赋予了投资者预付货物的部分所有权，由于互联网能够将尚未变现的产品生产和设计能力进行传播，投资者和普通消费者在制造和预售之前就能够事先了解其视觉效果或实物模型。消费者在众筹过程中预付的资金，能够在很大程度上解决或缓解传统制造商和进口商面临的现金流问题，从而在一定程度上会消除贸易融资的必要性。以 threadless. com 网站的商业模式为例，该企业邀请客户自己在网站上提交 T 恤设计，然后进行投票，对投票中胜出的设计进行印制，这种颠覆性的模式不仅创造了强大的销售能力，而且消除了设计、分销渠道和大部分传统营销过程中的挑战，同时也能够将最新的市场研究和流行风尚整合到价值链中。ICO 在逻辑上也是这种模式，它根据商业模式向投资者发行加密货币。在大多数情况下商业模式只是一份描述商业想法的白皮书，但 ICO 使创业者能够在产品上市之前筹集到大量资金。

（四）资金转移和移动支付

个人、企业和政府之间的相互资金支付是银行业的支柱业务之一。当银行获得消费者授权而进行支付业务时，由于银行持有客户的资金，银行能够方便地从客户的账户中提取资金。银行也能够代表客户接收来自其他账户的支付款项，并为客户建立定期支付服务项目，比如直接借记或长期订单支付。在现代社会中，除了少量的物理货币支付之外，大多数货币支付都是银行之间的电子转账。从本质上看电子转账是货币在不同银行账户之间通过一系列电子信息交换完成的价值转移。此外，由于央行结算通道和货币账户的限制，在某些国家或某些时期，只有一部分大的银行才可以持有央行的货币账户，因此一些小的银行需要由这些较大的银行代为处理储蓄和贷款等业务的结算，这也会额外增加金融系统中的中介数量。需要特别注意的是，无论央行以何种形式发行货币，央行作为法定货币的发行银行都需要参与到每一笔支付中，并且对持有货币账户的银行进行验证。这种分类账的确认过程和结果受到央行向银行发放的许可证限制，这也是现代金融系统中必须通过银行才能完成支付的主要原因。

信用卡支付在机制和本质上与上述传统支付是相同的，它是通过信用卡完成的一种流动信贷形式，价值通过接收银行或商户进行转移，并将结算资金添加到商户的银行账户中。在现代金融环境下，信用卡发卡方除了少数情况下是银行外，大多数情况下是信用卡公司。发卡公司需要承担客户的违约风险，并有权对逾期付款收取相对应的费用，而债务的结算则需要通过与信用卡相关联的银行账户完成支付，这也是一种常见的支付方式。但需要注意的是，支票不是支付形式，它是消费者和商户之间的一种合同形式，商户可以选择拒收支票。支票支付的完成需要银行或代表银行的票据交易所在付款前进行清算，这与支付的本质是不同的。与信用卡支付相比，借记卡支付与客户的银行账户联系更为直接，通常会通过银行的标准隔夜处理程序进行结算，如果出现逆转借记卡交易，则意味着创建了一个新的反向交易，在这种情况下账户的持有人（大多数情况下是银行）来承担违约支付的风险。跨境支付则更为复杂，由于各国央行不为彼此发行的货币提供担保，因此需要引入额外的交易检查机制。除此之外，根据现代大多数国家的金融监管规则，银行还有义务监控支付活动，以发现支付中的欺诈行为或洗钱行为等。

在交易支付过程中的所有中介环节都是需要费用的，"羊毛出在羊身上"，最终消费者都需要为此付费，但在表现形式上，付费大多数情况下是通过商户完成的，银行对商户的收费使商户将相关费用转嫁到商品价格上。这意味着，在交易费用上限较低的情况下，以较低金额的电子货币销售商品对商户来讲是一种不经济的方式。在其他情况下，银行对消费者进行直接收费，比如银行通常会对国际转账和 CHAPS 支付收取较高的费用。举例来讲，在跨境电商交易的支付过程中，消费者从国外网站购物，在不考虑运费的情况下，通常需要额外支付 3% 左右的交易费用。传统支付模式具有低效率、高费用的缺陷，移动支付是目前颠覆传统支付模式的主要形式。移动支付的优势在于，它能够将传统支付模式中作为中介的银行从交易体系中剔除。在非洲和亚太部分地区，交易支付由移动运营商或电子钱包提供商提供的电子钱包承担而非传统的银行，这种流行的支付模式是信用卡支付的一种变体形式。它与信用卡支付的最大不同在于，消费者无须通过银行账户就能够买到手机，电子钱包则可以通过现金直接支付给移动运营商或代理商完成充值。另一种更具有前景的是我国流行的移动支付形式，这些移动支付与银行账户相关联，这样拥有银行账户的消费者无须携带信用卡或借记卡，直接通过随身携带的手机即可完成支付，这也是支付革命中的主流形式。随着移动支付的日益成熟和大规模普及，支付宝和微信支付等通过二维码实现的支付经实践证明是非常可靠和有效的。其他类型的电子钱包模式仍有较多局限性，存在数据丢失或被盗窃的危险，并且代理商的存在使支付成本也变得更高，这种风险和成本无论是对于消费者还是商户都是难以接受的。总体而言，尽管与银行账户相关联的移动支付存在有多种定价模式，且基本上是由商户承担费用，但总体上成本仍低于传统支付。

传统支付的另一大颠覆者是区块链技术，但第一代加密货币（如比特币）的表现和知名白帽黑客对以太坊（Ethereum）的大规模攻击表明，区块链技术目前还面临着一系列挑战，区块链平台和技术还需要经历一些重大的变革才能成为普遍的支付模式。目前，Neo、Cardano 和 WanChain 等通过 ICO 募集资金，正在研发和推出新的功能以适应移动支付的需求，R3Corda、Hyperledger 和 Digital Asset 也都在开发分布式账本技术的替代品。从未来看，面向 B2B、P2B、P2P 等支付场景的区块链可能会慢慢达到饱和，一部分原因是公共区块链的规模问题，另一部分是信任的问题。区块链作为一个支付媒介，目前仍面临着激烈的争论，是否能确保交易支付达到程度的安全目前尚未有公认的标准。同时，一些失败的案例也动摇了人们的信心。2016 年分布式自治组织（DAO）对以太坊的攻击，虽然并没有影响以太坊继续向前发展，但也说明了新技术在发展过程中固有的风险。尽管如此，以太坊为代表的加密货币在主流交易中得到更广泛的接受，更多的智能合约应用程序出现了，特别是随着 ICO 的爆炸式增长，很多企业都使用了基于以太坊的智能合约，甚至以后会出现的央行加密货币（CBDC）也可能会使用智能合约。随着一系列负面报道逐渐过去，金融监管机构和传统资本市场都开始认识到加密货币的潜力，我国成为第一个宣布有意发行国家加密货币的主要经济体。可以预料，区块链平台的使用以及点对点去中心化的支付逐渐普及，将很快给现有支付服务的中介——银行带来巨大挑战，特别是在跨境支付方面，比如 Facebook 推出的 Libra 项目就反映了这种新技术带来的机遇和未来的趋势。

（五）其他银行服务

无论是对个人还是企业来讲，从历史上看，与活期账户和支付托管一样，银行都是个人和企业信息的关键持有者。银行所掌握的这些信息形成了个人和企业的银行信用记录，拥有银行账户的人就能获取额外的竞争优势和机会，比如就业、住房等，而没有银行账户的个人或企业就处于竞争劣势地位。与获得信贷一样，这在拥有银行账户和没有银行账户的普通人之间造成了巨大的鸿沟。银行除了提供财务的历史记录和信用验证，还提供其他方面的验证，比如工作地址验证等。对于分散在不同银行和不同物理分支的银行账号，通过信用评级机构这样的数据聚合者能够从不同的机构获取个人或企业的信息，包括银行、信用卡、抵押贷款等。类似 PSD Ⅱ 的立法程序和公开数据规则使这些数据聚合者更容易访问到这些授权实体的信息。基于移动支付对个人或企业行为模式及验证的记录，是一个比交易记录更为有力的信用指标。移动支付比纯粹的交易支付信息丰富得多，除了关键的支付信息以外，移动支付还包括了通信历史信息，这反过来又为基于互联网的信息验证提供了便利。每个人或企业的行为模式都是独一无二的，这就像指纹一样。随着数据可用性不断增加，移动支付可能会带来个人信息泄露的风险和挑战，一旦出现信息安全事故，就可以从聚合数据中识别出个人行为，这是未来需要关注的一个社会伦理问题。此外，越来越多的区块链认证协议也可能会威胁到银行和传统信用评级机构在支付这一利基市场的地位。目前，许多银行也在利用这些第三方认证提供商以降低成本，但金融监管规定，银行需要管理自己的客户服务系统，因此整个过程（包括在银行内部）仍然效率较低。

长期以来，许多银行还为政府、企业和高净值个人提供包括投资组合管理、投资意见等额外的服务，这些服务往往比提供给普通客户的服务更个性化和定制化。这种互动更多情况下是建立在个人关系的基础之上，要么是高净值个人与家庭成员之间的关系，要么是企业和银行高管之间的关系。拥有交易部门的银行还可以代表企业和个人客户并为他们提供经纪服务，有时也被称为是资产管理或财富管理。银行还会根据客户的价值和需求，为客户提供不同层次的理财建议。但受《反垄断法》的限制，在大多数情况下，银行向客户提供的理财建议中不能推荐特定的产品。不可否认，当客户在规划重大投资或改变生活方式时，会不可避免地涉及理财计划。企业和高净值个人将根据其所面临的挑战和资产规模，从银行获得更有个性化的定期服务。随着金融科技的发展，银行的投资组合管理、经纪服务和咨询服务中出现了越来越多的"智能投顾"。智能投顾利用人工智能为投资者和执行机构创造各种捆绑产品，且收费远低于传统投资顾问的费用。虽然智能投顾的自动化版本越来越多，但到目前为止，其客户数量还不能平衡获取客户和运行公司的成本。随着技术的成熟，智能投顾必然会在银行的传统投资市场中占据更大的份额。面对此趋势，一些银行正在与运营这些新业务的金融科技初创企业合作，另一些银行则在现有系统之上构建了新的智能投顾系统。

除了上述业务之外，银行还通常会为大型企业和高净值个人提供资金池和现金管理服务，通过设置不同的账户类型帮助客户实现更好的资金流动，包括管理自动化的汇款结算、支票处理、定期批量支付、工资和养老金发放等。银行通过对企业账户进行集中管理和清理，有助于将企业的资金从多个账户转移到集中账户上，并通过其他方式利用过剩的流动性赚取利润，如投资于隔夜共同基金赚取利息后第二天返还到企业账户中。企业的银行账户管理与现金管理有很强的内在联系，需要企业对现金管理机构的专业知识和稳健性有很强的信任，因此到目前为止现金管理中还没有出现新的金融科技企业，但这一领域出现了一些新的机遇。新的加密银行平台（比如 NODL）正计划提供这项服务，央行提出的央行加密货币如果能够实现，就能够实现实时结算，特别是当非银行账户的央行加密货币发行后，新的金融科技初创企业完全可以利用自动化和业务逻辑解决客户的这些需求，比如利用嵌套契约在 DAO 应用中创建结构化的区块链应用程序，这在未来是很有可能发生的。

对企业而言，银行的交易部门还致力于支持企业客户发行股票或债券，帮助企业实现扩张融资以及管理融资余额，此外还为企业提供并购或拆分、管理层收购（MBO）、收购或合资融资等方面的金融专业建议。尽管这些服务在很大程度上是咨询性质的，但与交易活动密切相关，因此不能进行内幕交易。虽然在理论上智能投顾也能应用于这些交易咨询服务中，且更不容易发生内幕信息泄露，但由于人类活动的复杂性和目前的算法成熟度相对较低，投顾建议还需要相当长的一段时间才能供人们放心采用。另外是正在探索的加密货币替代方案。这种方案也可用于交易结算，但这种试验目前仅在银行和央行内部进行，而不是由第三方公司负责。由于企业融资主要面临的挑战是产品发行、市场运行和市场交易，因此需要不断加强监管，而监管的强化有可能导致咨询与交易服务相剥离，未来有可能会形成独立于交易部门的金融科技咨询类企业。

三、传统金融机构的未来

面对金融科技初创企业的威胁，传统金融机构并没有坐以待毙，而是采取了大量应对措施。传统金融机构在金融科技创新和转型中，通常最终面临两个选择：购买服务还是自主研发。本书认为，除了这两种选择以外，还有第三种路径——合作。合作完全有可能成为一种新的商业模式的基础。在此基础和模式下，传统金融机构将其在核心金融服务系统中的成熟技能与金融科技初创企业的敏捷性相结合，就能形成第五章所描述的完美的 CLASSIC 模型。事实上，很多市场媒体和评论都发现，尽管金融科技对已建立的金融模式产生了巨大威胁，但传统金融机构与金融科技初创企业之间形成新型合作伙伴关系的机会也在增加，特别是在控制成本、资本配置和获取客户等方面。麦肯锡的研究报告也表明，金融科技行业的结构正在发生变化，金融科技初创企业与传统金融机构之间正在形成新的合作。因此，本章分析了传统金融机构对金融科技的反应，以及它们在此过程中可能采用的各种策略。传统金融机构与金融科技初创企业之间正在建立的合作关系可能预示着金融业未来的结构。

（一）金融科技及挑战

传统的金融机构的业务重点是金融服务，其中包含了两个方面：金融和服务。金融与货币相关，服务与所有的商品一样，都是货币可以购买的两大范畴之一。服务与商品的重要区别在于它是无形的。金融服务和金融商品的重要不同就是，前者可以视为是获得后者的过程。在现代经济中，金融服务业在全球经济格局中发挥着至关重要的作用，特别是自 2008 年全球金融危机至今，全球金融相关性一直在增强。各国政府和金融监管机构都对金融服务给予了极大的关注，认识到了金融服务在现代经济中的核心地位。因此，金融机构也必须正视并正面回应金融科技创新。传统金融服务业的核心业务是中介服务，这一领域涉及储蓄、贷款、投资、贸易融资、资本市场、保险等。金融服务本质上是所有者、金融用户和提供者之间的信息代理，金融服务通过不同的功能缓解了信息的传递问题。虽然最古老和最普遍的金融服务机构是银行，但自 2008 年以后，随着金融科技创新和独立于传统金融服务运营领域的金融科技初创企业的快速发展，银行的总体权重正在不断下降。由于内部阻力，新的知识和外部创新通常并不容易在传统金融机构（如银行、保险等）中迅速产生影响。特别是对于多年来习惯于固定工作方式并能够实现盈利的机构而言，改变是极其困难的。由于旧的业务模式和工作惯例难以彻底改变，进一步僵化的商业模式也使引入创新或新知识变得异常困难。但时代在改变，传统金融机构和金融服务业也在经历着一场数字化革命，在这场革命中，不断出现新的进入者、新的商业模型和新的客户需求。传统金融机构为了弥补创新的不足和滞后，试图利用其业已形成的庞大经济基础来收购金融科技初创企业，并参与企业孵化器、创新联盟和创新实验室，以这种方式从外部获得新的解决方案和技术创新。有几个例子可供参考，比如安盛集团（AXA）在 2015 年推出了一只 2 亿欧元的风险投资基金；巴克莱银行推出了一个加速计划，签订了八项直接投资协议，涉及的领域包括云计算、视频会议技术、电子签名、网络安全措施和贷款信息指标等。

与其他行业一样，推动金融服务数字化革命的并非现有的市场参与者，而是市场新人——金融科技初创企业。在金融行业，由于传统金融机构长期以来所累积的技术债务，使金融科技初创企业与其相比，具有很强的后发竞争优势。技术债务的概念与金融债务的概念类似，开发一个金融科技所需的 ICT 系统会在未来产生成本，类似于支付利息，这些成本的总额构成了技术债务。系统越复杂，ICT 系统升级的频率就越高，相关的技术债务就越高。举例来讲，比如一个由几个不同的金融机构合并而形成的大型银行集团，为了整合信息系统，需要合并预先已存在的组成部分，这些旧的 ICT 系统反映了不同金融机构的历史和建设的主要阶段，而为了覆盖新的银行集团的活动范围，还需要打造一个全新的、高效的 ICT 系统，这就形成了技术债务。资产管理类的企业也是一个很好的例子，此处就不再赘述。随着金融创新的发展，越来越复杂的金融工具被创造出来，相应的就需要开发越来越复杂的金融数据存储和业务流程控制系统，复杂的金融工具对应的是复杂的监管法律法规，更严格的规章制度的引入也会导致金融工具更加复杂。事实上，最近十几年金融机构的大部分信息和通信技术资源都是为了应对这两种情况。从当前的发展形势看，金融机构的 ICT 系统就像互联网处于发展的早期阶段一样，随着金融创新和新的监管规则的出现，会在此版本之上构建出更多的新内容。另外，对于金融服务业的新进入者而言，这种复杂性也是市场准入的无形障碍。金融科技的出现以及随之而来的技术解决方案，使新的金融科技初创企业从一开始就能够以较低的成本整合金融创新和监管规则的影响。因此，相比于传统金融机构的技术债务，金融科技初创企业普遍具有更大的市场空间，这也使它们能够在新的金融服务业务中处于领先地位。

面对上述问题，传统金融机构的第一反应是试图扩大其 ICT 团队的技术能力，并改变其运作的结构方式。但金融数字化的转变其实也预示着项目管理的转变，这就需要 ICT 团队采用更灵活的方法，至少要不亚于金融科技初创企业的灵活程度。在新的 ICT 系统开发中，ICT 团队需要对金融服务和业务流程有深入的理解，只有这样才能使新的 ICT 系统成为人们所习惯或能够接受的交互方式，这样也能满足监管复杂性的需求。传统金融机构为了实现在此过程中的成功转换，一般需要的关键成功元素（CSF）有：业务知识、网络、客户关系记录、业务安全性和资金。传统金融机构利用它们现有的金融业务专长，推出了传统银行模式的数字版本，希望为客户提供不同的服务体验。然而最终的实施效果却喜忧参半，一方面新的数字银行确实为客户提供了一些便利，但另一方面也使传统金融机构（特别是银行）陷入了困境，具体的原因有很多，大体可以分为三类：①害怕蚕食现有业务；②之前的尝试以失败告终；③员工的积极性难以调动等。

这些原因大致能够解释传统金融机构为什么不愿意大规模投资于数字化转型。大多数研究结论认为，传统金融机构成功实现数字化转型的前提是，既要充分利用其优势更深刻地了解新的客户需求，也要尽力鼓励员工采用新的工作方法。

另外，传统金融机构和银行在投资或收购金融科技企业方面并不活跃。尽管传统金融机构经常会通过投资基金间接进入金融科技初创企业，但它们几乎没有在这一领域进行过直接投资。传统金融机构参股的少数案例也都是为了实现既定目标，比如，通过获得一项新技术以使现有的产品现代化、促进特定领域金融科技创新的发展。实际上，传统金融机构的参股对金融科技初创企业也是有利的，金融机构作为股东能够让金融监管机构更为放心，因此也更容易取得经营许可或业务许可。从收购动机上看，现有收购的主要目的是帮助母公司实现产品升级或者是获得升级所必需的开发团队和技术。但从更长远的角度看，将金融科技初创企业与传统金融机构的服务相结合，是一种能够在短期内开发出新服务的开发模式，也更容易将传统的客户关系转向更具交互性和个性化的金融服务客户关系管理（CRM）模型。虽然传统金融机构与金融科技初创企业两者之间的合作是有意义的，但也需要注意到二者是两种截然不同的组织类型，二者之间仍有着巨大的差异，这种差异是无法忽视和避免的。

鉴于上述原因，金融科技初创企业在与传统金融机构合作之前，需要着重考虑以下几个方面：①无论短期利益多么诱人，金融科技初创企业都应不忘初心，牢记长期愿景。如果仅仅将目标定为改变现状，那么金融科技企业可能会发现，与一家传统金融机构合作并避免成为它们原本打算要颠覆的一部分是很难做到的。②与现有的传统金融机构合作，不仅可以利用金融机构现有的客户基础，还可以利用其成熟的销售团队，从而加速创新产品上市的时间和成本。③金融科技初创企业为了取得成功，必须要考虑抓住价值链的哪些部分。对定位于价值链中特定部分的初创企业而言，与传统金融机构合作在上述前提下是有帮助的。传统金融机构在与金融科技初创企业合作之前，也需要考虑以下四个方面：①传统金融机构需要着眼大局，正确看待合作或收购带来的长期影响。②在与金融科技初创企业合作之前，金融机构需要考虑标的技术或产品是自我开发还是购买更有利，金融机构需要对其内部能力保持谨慎和现实的态度，以及准确估计建立高质量合作伙伴关系所需的时间和成本，这种审慎的态度对双方都是有利的。③金融科技公司的强项是对目标领域内的产品进行迭代升级，直到找出适合市场需求的正确解决方案，这正是传统金融机构的弱项。一个产品往往只有经历了漫长的构建过程才会推出，传统金融机构也需要调整心态——去试一试新产品。④由于金融科技初创企业大多都创立不久，历史较为短暂，传统金融机构也应多方面评估预期合作的团队的业绩记录。

（二）合作新模式

金融科技初创企业为了销售自己的金融服务和产品，需要寻找懂得运营核心银行体系的合作伙伴，而传统金融机构可以轻松提供这些服务，并以无品牌的形式将初创企业的产品出售给第三方。为了与金融科技初创企业建立联系，许多传统金融机构选择了这种解决方案，金融机构将自己定位为服务提供商，为金融科技企业提供核心银行业务指导，比如一些支付类的金融科技企业就使用了银行的现有平台进行运营，一些储蓄产品分销平台也利用了传统金融机构构建的产品分销解决方案。作为回报，金融机构可以直接观察客户关系的演变过程以调整其自身产品的市场适应性，同时满足金融科技企业的需求，最终实现为用户服务的目的。伴随着这个过程，传统金融机构和金融科技初创企业之间开始出现一种新的合作模式。

由于在数字化转型的过程中，消费者以前所未有的程度参与金融服务业务流程，金融服务业发生着重大的变化，无论是传统金融机构还是金融科技创新企业都必须主动更新其价值主张和内部流程。对银行和保险公司等传统金融机构而言，这是一把"双刃剑"。一方面，它们有雄厚的经济实力去创新或革新业务而无须考虑巨大投入对公司财务报表的影响，并且它们也可以在各金融监管领域的边界内巩固已有的竞争优势以打造更高的市场准入壁垒。另一方面，由于传统金融机构的商业思维模式和业务流程通常被限制在旧的业务模型中，在组织中引入新知识和构建创新能力非常困难。正确处理金融科技初创企业与金融服务行业传统机构之间的关系，最重要的是让业务适应客户和市场的需求变化。金融机构要适应自身的经营模式，必须从三个方面考虑：①破坏性创新带来的新发展；②以更开放的态度面对变化；③更多地关注其他创新方式。为了根据市场和客户的新需求重新调整传统金融机构的商业模式和业务流程，这些机构需要进入金融科技的生态系统中，并且通过学习新知识和新技能来刺激组织内部创新。最近的研究表明了传统金融机构与金融科技企业进行合作或建立伙伴关系的重要性。

目前的合作通常是通过加速器或孵化器来实现。企业孵化器能够为金融科技初创企业提供良好的外部环境，在知识开放、企业融资和渠道资源等方面为初创企业提供支持。金融科技初创企业的所有权结构中，通常包含创始人和投资者，并且融资形式经常是应投资机构要求将资本转换为股本。当然，金融机构对金融科技初创企业的投资选择也是非常谨慎的，它们不会简单根据初创企业的商业计划和业务宣传来选择。金融科技企业在起步时期积极加入孵化器，能够进一步发展其创新创业的理念。总的来看，加速器或孵化器的特点如表6-1所示。从表6-1可以看到，将这些有助于创新增长的环境定义为业务加速器可能比孵化器更为恰当，实际上这些加速器和孵化器存在重叠，在很多场合是可以互换的。无论是企业加速器还是企业孵化器，都能够为初创企业提供指导和帮助，确保良好的外部环境，引导企业迅速成长。不同的地方在于，企业加速器更注重为中期和短期业务（不一定在种子阶段）提供与传统咨询服务类似的服务，以确保企业在非常短的时间内实现快速增长；企业孵化器则持续较长的时间，以帮助企业在生命周期的前几年实现"站立和行走"。

表6-1 企业加速器和孵化器的特点对比

特点	企业加速器	企业孵化器
持续时间	3~4个月	1~5年
入驻排队	需排队，通常约10家初创企业	无须排队
股权	占股权，通常5%~8%	不占股权
参与费用	无	最低标准缴费
创业阶段	至少有测试样品	初期到中期
培训和技术援助	不同形式的研讨会	专门的人力资源、法律培训和支持
工作空间	提供	提供
商业模式	投资为主	非营利出租

传统金融机构通常更倾向于选择企业加速器项目，希望通过与金融科技企业在相对较短时间内的合作，获取金融科技方面的新技术和新知识。由于技术的快速变革，高度敏捷的金融科技企业对传统的老牌金融机构构成了严重的威胁。传统金融机构的问题恰恰就是创新能力不强、应对行动缓慢。因此，从开放创新的

角度看，企业加速器对传统金融机构也很重要。有关企业外部创新的研究文献表明，传统成熟企业的在职员工已将创新企业视为外部知识的一个重要来源。这个结论支持了创新企业加速器项目，表明该项目能够在现有企业和初创企业之间培养出一种协作和相互学习的关系。Moschner 和 Herstatt 利用开放创新方面的文献，结合现有企业展开研究的六项案例表明，初创企业的创新活动能够作为现有企业克服创新困境的一种手段。更多的研究进一步表明，与潜在的初创企业或竞争对手合作，有利于传统企业发现新的市场趋势。传统金融机构学习金融科技初创企业的创新心态、技术、方法以及专业知识等，可以帮助其打破思维定式，并检查发现企业内部创新缓慢的原因。在合作的过程中，其中一个有效的做法是指定一名专门的联络负责人，由该负责人在金融机构的企业员工和金融科技企业之间建立良好的联系，从而促进和金融机构内部创新力量的直接合作，这对于产生和维持有效的知识转移都是非常重要和有好处的。因此，对于传统金融机构而言，企业加速器项目是一种有意义的合作形式，它可以让金融机构与潜在的竞争对手保持密切的联系并向它们学习。

传统金融机构在使用企业加速器与金融科技企业合作时，通常有两个重要的阶段：新知识的产生和新知识的实施。为了让金融机构的员工更好地接受企业加速器项目，除了学习和创新热情、适应力、正确的学习方法和多学科知识等必要的心理和组织准备外，金融科技企业的创新团队还必须表现出他们想要交付的创新命题的未来潜力，并且金融科技企业必须准备好将部分股份转让给现有的金融机构以换取有效的合作。从整体上看，由于传统金融机构内部普遍具有较大的阻力，员工的整体认知与金融科技初创企业也有较大的差距，因此对传统金融机构而言，在第二阶段面临的困难一般会更大。对此，金融机构通常可以在内部知识和外部知识之间做出抉择，但这取决于两个不同阶段的具体进展情况。总而言之，传统金融机构与金融科技初创企业之间通过企业加速器或孵化器的合作是一种"双赢"的合作。金融科技初创企业获得了创新和创业所需要的资金和市场资源，同时也获得了有关金融服务的核心知识；传统金融机构则利用自身强大的资金实力，获得了无法快速从内部产生的创新知识和新鲜想法，并能够将其转化为适合客户需求的新产品并形成新的金融服务市场。金融科技初创企业 Freeformer 就是一个与传统金融机构发展双赢合作关系的成功案例。Freeformer 是一家专门支持企业实现数字化转型的企业，其与巴克莱银行的合作从一开始就具有双重目标：一是将巴克莱的员工转变为数字化员工，二是支持巴克莱银行向客户传递数字化技能。实际上，巴克莱银行也很早就认识到，它需要促使客户和自身的各分支机构更加数字化，培养员工的数字化专业知识，打造出一支充满激情的数字化员工队伍。

根据普华永道发布的《全球金融科技报告》（Global Fintech Report），在传统金融机构中大多数首席执行官都将金融科技作为未来的战略核心，仅有少数（约14%）的首席执行官对此不认同。以一个案例对此进行说明，巴克莱银行、渣打银行和英国联合银行等全球大型金融机构签署了一项名为 Matchi 的在线合作服务，目的是与金融科技初创企业共同合作。Matchi 作为一个金融科技的创新平台，将大型金融机构与全球选定的数字金融创新者联合起来。金融科技企业也应看到一些拥有前沿技术的金融科技初创企业已经通过整合成为规模更大的金融科技企业或者规模更大的金融机构和保险公司。通过这种方式，金融科技企业不仅能够节省生产成本，提高资金的可用性，也能够更快速地扩展交付给市场的新技术。当然，金融科技初创企业和组织本身的特性不同，与传统金融机构建立合作伙伴关系并非是适合全部初创企业的最佳选择。最好的办法是将金融机构划分为以金融科技为导向的大型金融公司和区域型金融公司，对于后者应尤其警惕，因为后者受到金融科技企业在目标市场中影响力日益增长的威胁而可能在合作中具有较强的侵略性。根据商业模式的不同性质，可以将金融科技初创企业分为市场的破坏者和推动者，如表 6 - 2 所示。

表 6 - 2　金融科技企业与传统金融机构之间的合作关系

	大型金融集团	区域型银行
促进型初创企业	协同创新	温和对待
颠覆型初创企业	合作创新	侵略对待

考虑到过去几年金融科技的发展趋势无论是发达国家还是发展中国家的金融机构都十分重视与金融科技企业的合作。发达国家金融机构以联合信贷（Unicredit）为例，它于 2014 年 10 月启动了 Start Lab 金融科技加速器项目，选定了一些金融科技初创企业进行合作，并在米兰市中心设立联合办公室，其中四家公司取得了非常好的业绩，并与联合信贷合作将它们的解决方案集成到了联合信贷

的系统中,该项目于 2015 年 1 月到期。发展中国家也有成功的案例,肯尼亚的一家金融科技公司 M–PESA 开通了一项新的金融服务,允许客户通过手机赊账开设货币账户,非洲商业银行(Commercial Bank of Africa)决定与其合作,并在 2012 年开始提供与 M–PESA 挂钩的储蓄账户,在随后的三年内,M–PESA 的客户增加了 450 万,存款达到 22 亿美元,以此为契机,肯尼亚的普惠金融增长达到了 86%。

传统金融机构与金融科技初创企业的另外一种合作方式是开放创新。开放创新是为了促进内部创新和扩大外部创新市场而进行有目的的知识流入和流出。开放创新是一种新的创新范例,它假定企业能够并且应该在寻求技术进步和业务创新的同时,利用外部和内部的新知识和新想法以及内部和外部的市场路径,开放创新的过程本质上是将内部和外部创新结合到体系机构和系统中。在开放创新流程中,利用外部和内部的创新思想能够构建新的价值和业务模型,基于新的业务模型能进一步定义新的体系机构和系统需求。此外,开放创新的过程中也可以实现内部创新的外部市场化,从而在公司现有业务之外创造额外的价值。这种新型的合作创新关系引发了对目前金融产品分销结构根本性问题的探讨并创造了新机遇。在新的分销模式中,金融机构作为产品设计平台,向金融科技初创企业销售非品牌解决方案,并且不论金融科技企业与金融机构是否有合作,这样就能够更容易适应客户需求的变化。在开放创新的情况下,金融机构收购金融科技企业作为子公司是非常有价值的,这将使金融机构确保其分销渠道的安全,但唯一的风险在于,负责客户关系的金融科技企业可能会超越提供金融产品的平台。因此,真正需要解决的问题在于,传统金融机构要保持能够跟得上金融科技初创企业的增长步伐和适应市场节奏的能力。

四、本章小结

银行作为现代经济体系中的核心部门,并不会随着金融科技的出现和崛起而消亡,但银行现有业务中几个关键领域的颠覆性创新可能会很快影响整个银行业,此外还有一些领域的竞争正在发生或即将发生。根据金融科技的发展趋势和技术进步速度，本书预计这一波的浪潮将比很多之前的预计来得更快、更早、规模更大。总的来看，银行目前已经面临的竞争有：贸易融资、智能合约、P2P借贷、众筹、移动支付、身份认证等；正在发生的竞争有：基于区块链的支付、央行加密货币、智能投顾、线上经纪人、证券发行和交易管理、现金管理等；未来可能发生的竞争有：企业财务咨询、投资顾问等。尽管传统支付业务、账户管理和交易仍将在未来很长一段时间内支撑传统的银行业务，但从中长期看新的挑战和威胁仍迫在眉睫，如果银行对这些挑战不尽快作出反应，那么这些威胁很有可能就会在不久的将来变成现实。

从金融科技发展的总体形势来看，传统金融机构对金融科技的主要回应就是与金融科技初创企业建立合作关系，而不是寻求收购它们。金融机构与金融科技企业之间的新型合作关系，可能会促成金融服务业新的趋势。金融机构与金融科技企业的合作是双赢的合作，金融机构可以留住客户和提高创新能力，金融科技企业可以利用金融机构的核心业务能力和分销渠道，以及提高资金的可用性。虽然这种合作会遇到很多困难，但是却有实现的坚实基础。为了实现这一目标，传统金融机构、金融科技企业和金融监管机构要共同努力，进一步适应市场和客户的需求变化，使客户尽快进入新的业务循环过程，并实现普惠金融以使更多的人进入金融体系、享受金融服务。

第七章　数字货币和央行加密货币

金融科技创新中数字货币和加密货币的出现，无论给中央银行还是企业或个人都带来了新的机遇，也带来了不同形式和程度的风险。本章将讨论数字货币对社会的影响，以及数字货币作为货币本身所负载的社会功能，同时分析数字货币和加密货币对现有商业银行系统可能产生的影响。在数字货币和加密货币的发行过程中，央行是一个重要的且无法回避的力量，央行加密货币（CBDC）有可能颠覆现有的商业银行系统，那么中央银行和商业银行之间的互动模式会出现什么样的变化，这种变化有什么利弊也有待研究。同时本章也将讨论数字货币的发行趋势及对未来的影响。此外，需要指出的是，"数字货币"和"加密货币"并不是同义词，二者所覆盖的范围也有很大不同。加密货币是指以加密技术为基础的货币类型（不仅仅是分布式账本技术）；数字货币则是指包括加密货币在内的数字价值超集，也是基于其他技术和其他类型的数字价值交换。银行正在使用的CBDC，不仅表示央行发行的加密货币，也涵盖了各种潜在的数字或加密选项。为了不引起混淆，本书设定 CBDC 是由中央银行发行的一种加密货币，而不是广泛的数字货币选项。

一、数字货币的社会功能

在经济学的标准语境中，货币通常被认为是一种记账单位、一种价值存储手段和价值交换媒介。但如果将金融科技创新中形成的数字货币作为一种社会现象来考察，就能够发现数字货币的社会功能，以及随之而来的信任和权力结构是如何维持其运转的。货币的有用性和价值都基于货币的经济和社会基础，以及与之相伴随的价值交换形式。货币的存在和流通是有条件的，也是由人类社会所构建产生的。Georg Simmel 在关于货币哲学的经典著作中，考察了货币支出和经济交换的机制，认为金融交易本质上是一种社会互动形式，在交换关系之外货币就失去了意义。Nigel Dodd 在《货币社会生活》一书中也认为货币与社会关系具有不可分割性，"货币是一个过程，而不是单纯的一件东西，货币的价值源自维持其流通的动态、不断变化且经常存在争议的社会关系"。这种观点让我们改变了对货币抽象的、价值化社会流动的传统印象。实际上数字货币的发展进程也正不断地冲击着传统经济学对货币及其使用的理解。本章将重点说明数字货币及其衍生事务的可提供性，从而阐释在数字货币事务中采取行动的可能性、社会交互机会以及协商中介的作用，也将重点介绍数字交易及其相关数据生成的社会影响，通过数字交易与其他可用交易形式的嵌入性，解释数字货币如何将货币与支付系统结合在一起。

（一）数字货币的特点

对金融科技开发人员和金融机构而言，货币有时被简单地理解为标准化的计算机数据。支付交易在数字移动网络中成为一种在线资源，并通过远程银行进行分类记账和审计，还将加密货币作为一种高效的令牌（Token）形式的价值交换模式。从狭义上看，这种观点是没有错的，但也非常片面。因此，有必要揭示将货币作为数据这种倾向的源头以探究它的驱动因素，并剖析哪些因素会限制数字货币的设计和使用。移动支付作为一项金融科技解决方案，为存储数字货币和支付工具以及进行支付交易提供了新的机会，通过数字化交易能够快速进行身份验证和完成交易。在交易成本方面，移动支付系统具有普遍较低的管理成本和安全成本，与此相比，现金交易的成本却会超过国内生产总值的1%。并且数字货币无须运输，可以减少相关的金融基础设施建设。金融数字化的价值也在于此，它能够通过更快、成本更低、更便捷的支付交易提高整个社会的运行效率，货币的使用能够提供大量的市场信息。货币与社会的相互干涉不仅仅是交易，交易对社会的影响，嵌入在社会关系中的金融交易以及交易中的互动机制，都需要特别关注。

货币具有可支付性，在经济上和社会上分别表现出不同的用途，货币的表现方式也塑造了人类与货币互动的方式和使用货币的方式。就现阶段金融科技的进展和数字货币的发展情况看，数字货币的主要功能和价值转移特点有以下几个方面：

（1）无支付摩擦。数字货币提供了无摩擦的交易承诺，通过非接触式技术可以实现快速、简单的金融交互，消费者只需要在支持非接触式的支付终端阅读器前挥动银行卡或智能设备即可完成支付，无须输入个人密码或在 POS 机等类似终端上刷卡。此外，支付宝和微信支付也预示着数字货币具有社交功能，支付宝或微信支付支持使用个性化的二维码，消费者只需要扫描二维码即可完成支付。数字技术不仅改变了传统的支付方式，也戏剧性地改变着交易的性质，通过计算机视觉、传感器融合和深度学习，与智能手机或其他智能终端的移动支付应用程序相结合，Amazon Go 商店完全消除了消费者通过收银台结账的支付流程，这种交易支付形式被称为"买了就走"（rab - and - go）。因为是完全自动化的过程，所以消费者感觉不到任何支付摩擦，消费者能感觉到的就是他们进入商店选择商品就可以直接离开。但是为了确保消费者的理解和信任，需要向消费者提供一种方法让他们了解数字货币和支付是如何工作的，以及当前正在运行哪一个支付系统，这是未来推广数字货币的一个重大挑战。

（2）匿名性。互联网安全和隐私保护方面长期以来存在的缺点和劣势，促使金融科技从业人员不断开发能够保护消费者身份的解决方案，数字货币为匿名交易提供了新的可能性。最早尝试匿名支付系统的解决方案是 David Chaum 发明的电子现金（E - cash），它具有有限的跟踪功能，目的是通过加密协议模拟实现现金交易的匿名性。目前更广为人知的是比特币，比特币作为一种加密货币，也经常被称为匿名货币，但事实上它也不是完全的匿名货币。完全的匿名货币，不仅需要隐藏交易参与者的身份，还需要隐藏交易的内容和元数据，如交易日期、支付方法等。金融支付的匿名性与交易速度往往是相反的，匿名性程度越高则交易速度受限制越多，这就需要支付系统具有较高的并发处理能力。实现完全匿名的数字支付是一项金融科技方面的挑战，匿名支付的社会政治价值也是一个颇具争议的话题。

（3）透明度。数字货币为金融交易的透明度提供了新的机制。区块链技术的普及，为交易记录或其他任何数字金融交互提供了新的方法，能够实现安全高效、可审计、高度抗中断的金融交易透明度目标。金融交易解决透明度的问题后，能够评估和审计消费者的交易对象，有助于建立金融互信和防止金融欺诈行为；还允许将交易事务的元数据提供给第三方，包括银行、第三方金融服务提供商、政府机构、税务机构等；甚至能够实现消费者对自己消费模式的分析。但这对金融科技来讲无疑是一个挑战，如何设置和管理透明度，如何设置访问交易元数据的权限，如何防止非法攻击等问题将会出现。

（4）非计价货币。数字货币具有与实体货币完全不同的可分割性，数字货币使用的小额支付，付款金额甚至可以低于正常的最低货币面值。特别是当交易需要支付的费用较低时，就更需要小额支付，这使非计价货币成为一项现实需求。实际上，自20世纪90年代开始人们就已经开始探索小额支付系统，区块链具有低支付成本的潜力，为小额支付和非计价货币提供了新的机会。目前，非计价货币在物联网机器对机器支付中的价值已得到证明，其常见的应用场景有购买电力、宽带或数据等。金融科技未来的挑战，不是简单地设置多个小额手动支付，而是运行最终用户设置中的小额支付功能，并监控它在时间序列上的变化，同时确保欺诈性付款不会发生。

（5）数据性。与使用现金不同，使用数字货币会产生数据。这些数据在未来具有巨大的潜在价值，既可用来产生收入或新的商业模式，也可以为用户提供支付活动信息，这也是欧盟PSD II中鼓励但并未实现的一个未来发展方向。

（二）数字交易的社会影响

在交易过程中，人们将货币的使用视为一种社会互动而不仅仅是交易，为货币使用者提供了彼此进行社会接触的机会。以讨价还价或谈判付款为例，双方需要就如何付款、交换交易信息以及如何付款达成协议。典型的现金交易就是面对面的现金交换，也可以理解为类似物理货币的任何货币形式的交换。在日常生活中货币兑换机制的选择是由社会习俗所引导的，实物货币交换的规则也可以认为是交易各方相互协商、相互作用的互动结果。随着交易流程的日益复杂，越来越多的交易中介机构出现了，比如银行、金融科技公司等，交易各方在制定价值转移规则方面也越来越受限，涉及银行存款的支付必须遵循银行制度的规则和银行运作的监管框架。交易双方可转让事项也大多局限于非程序性的约定，例如约定银行转账是一种有效的支付方式以及哪些银行可以参与交易等。当金融支付过程涉及数字货币时，由于数字货币转移的工具取决于工具的开发者，这会进一步限制交易各方能够制定的价值转移规则。金融交易中产生了新的社会互动和机会。在交易过程中，价值转移不仅发生在交易各方之间，还可以通过交易各方之间的互动来创建。当不同的人在一起交易时，需要有目的地协调他们的行为以完成货币支付，为这些交易人员提供建立社会联系的良好机会。通过这种方式，交易者甚至能够在交易中创造出超过其自身经济价值的社会价值。此外，如果将智能手机等移动数字支付设备引入交易支付场景，势必会带来更多的变化。所有这些都意味着，数字支付技术和数字货币所使用的金融基础设施、交互设计和物理实现方式都促进了人们建立新的联系，推动了社会互动。

在认识到数字化交易会产生社交机会的同时，还有必要研究数字化交易所带来的社会影响，包括消费者对金融数据的态度、不同形式货币的可用性、对数字货币和数字化支付系统的理解等。一般认为，金融和信用卡数据是最为敏感的个人数据，根据分析，在"暗网"上一个普通人被盗的金融数据价值高达 200 美元。为了保护消费者的金融数据安全，法律法规对处理金融数据的机构和其他金融服务提供商提出了严格的从业安全规范，任何共享或公开以供审计的金融数据都是有限制和限度的。欧盟 PSD Ⅱ 的政策允许第三方（新的金融科技企业）进入金融支付市场。这些金融科技初创企业对传统金融机构构成了挑战，自身也面临着挑战，如面对有限的数据访问如何创造性地实现变通，设计出与现有金融基础设施相衔接的技术。

数字货币的出现推动了无现金社会的发展。但目前，数字货币和数字化交易仍然与实体货币和其他非数字化交易并存。人们越来越意识到，我们在经济和日常生活中使用的资金及其交易方式是对广泛需求做出的务实反应的集合。尽管政府和金融监管机构一直试图使货币体系进一步同质化，但货币出现的各种用途和社会背景往往催生着新的货币和交易形式，支持新的货币和支付形式的数字连接工具也不断激增。在法定货币体系中，如何采用综合的方式来应用数字货币和数字化支付体系是各国普遍遇到的问题，数字货币投入应用后对经济的挑战和对消费者实践体验的影响也是必须面对的问题。如何将数字货币开发成为数字形式的真实货币，是未来的一项巨大挑战。

在数字化支付体系中，无论是数字货币还是移动支付，货币本身在大多数情况下并不是人们关注的价值对象，加上普通个人在数字化支付系统中制定自己的支付规则的空间极为有限，在数字货币的世界中，货币和支付系统的概念越来越难以分离。从这一点讲，目前数字货币的重点仍是数字化金融的基础设施，以及围绕银行金融系统进行的价值中介转移和清算体系。在加密货币的世界中，这种情况更为突出，支付系统作为一个数字化的余额分类账目能够完全取代对实体货币的需求，支付系统实际上也有可能成为货币本身。与信用卡支付和银行转账一样，没有任何物理性质的实体货币被转移，只是更新了一个数字记账记录，其中数字化支付系统作为金融基础设施扮演了货币的角色，这种情形与大多数日常使用货币的人在收付款时对货币运作的设想是大相径庭的。收付款在很大程度上成为一个积极的转账过程，而支付结算在功能上可以表达为"对银行账户进行一次有客户许可的记录更改"。因此，在未来设计数字货币和支付系统时，必须考虑如何反映真实的情况和消费者对这一过程的具体看法，而不能困守在制度现状之中。

二、央行和加密货币

从表面看，央行和加密货币似乎属于截然不同的两个世界，既然以比特币为代表的加密货币具有匿名性、去中心化和不受监管的特点，那么央行为何要介入加密货币中呢？为了解释这个问题，本书仍以比特币为例，分析加密货币与现有央行货币的异同之处。首先对比特币而言，它不需要中介，所有事务都是对等的。比特币所代表的价格由持有人所拥有，并且持有人所持有的比特币是针对特定单位并基于这些单位的交易历史记录。交易除了各方身份是匿名的之外其他数据都是透明的。因为每一个事务都依赖于前一个无法更改的区块，因此所有事务无法更改，也就是数据在公共分布式分类账中是不可改变的。任何人都可以设置比特币钱包，没有任何门槛性要求。同时，比特币也有固有的缺点。它的交易吞吐量较低，与传统的基于批处理的支付网络相比，它的处理速度较慢。交易的费用由使用"荷兰拍卖"技术的网络所决定，持有人在交易中附加的费用越高，它被纳入一个区块的可能性就越大。由于比特币价值与任何国家的经济政策和法定货币无关，与任何资产和市场指数也无关，因此受市场驱动的波动性很高，更多情况下容易成为一种投机工具。与此相反，央行所负责发行的货币是由国家控制的，通常以实物和数字两种形式发行，具有以下一些特点。央行发行的货币是以国家或地区货币政策为基础，并根据政府制定的货币政策决定货币发行数量或价值的增减，其价值波动通常受国际协议的控制，体现为多个金融机构和交易所的汇率总和。央行货币是一个国家或地区缴纳税款的指定货币，在现行金融体系中，以实物货币形式发行的货币没有客户所有权障碍，因此具有物理欺诈（伪造）的风险，此外在使用缓慢的批量结算系统和复杂的对账流程中，存在比电子货币高的风险。正是因为货币之间的一些差异，很多国家的央行正在探索发行由政府控制的数字版法定货币。事实上，从 2014 年早期试验性研究开始，一些国家的央行和国际货币基金组织（IMF）等重要国际机构断言，加密货币将成为它们未来战略的一部分，并乐观地估计在 2019 年初步实现数字货币的发行。现在来看，这个估计有些过于乐观。

然而不可否认的是，央行发行加密货币确实面临着前所未有的机会。从加密货币的一般特点上看，央行发行的 CBDC 毫无疑问将继承比特币等加密货币的一些特征，而其他特征则将由央行决定，成为一个多种特征的混合体。新的 CBDC 与传统法定货币有很多共同点。CBDC 的货币价值决定了它必然会以某种方式与法定货币或国家政策挂钩，成为一种有用的交易工具。央行发行 CBDC 的主要优势在于，CBDC 作为一种数字货币是可编程的，这意味着它的行为是可以被控制的，能够在预先设定的条件下以可预测的方式运作。CBDC 与比特币等现有的加密货币的主要区别可能在于以下几点：CBDC 是与所在国家或地区的法定货币相挂钩的，因此可以支付所在国家或地区的税收，相应的政府和央行也可以设定其可用性，比如可以根据政府的目的、用途、货币政策和财政政策控制货币供应量，设置与现行法定汇率相匹配的 CBDC 汇率，政府也可向央行和授权提名的金融机构（大多数情况下是商业银行）发行受控债券，公民也能够在央行开设账户。与实际法定货币相比，CBDC 也有明显优势，CBDC 无法伪造也不可复制，所有的事务都是可跟踪或可审计的。同时 CBDC 的价值是可以控制的，央行的加息或减息可以无条件实现，社会救济、财政补贴等社会福利分配可以基于预先确定的条件实现无差错价值转移，并且由于价值转移的受益人可控，那么就可以实现反洗钱、反贿赂，阻止非法人员接收货币。

现有的数字货币，比如存放于银行账户中的电子人民币，与央行发行的

CBDC 也有明显的区别。CBDC 支持的交易能够实现点对点交易，而无须任何中介，并且货币是基于所有权的，而不是由任意一组货币单位组成的余额。CBDC 的结算是实时的，不需要等待银行批量运行，而且与实物货币一样一旦结算就不可逆转。对客户而言资金也不需要存储在商业银行，从而能够避免双重支出。由于 CBDC 具有一些明显的优势，许多国家的央行已经在试验区块链技术在法定货币中的应用，以取代老旧的实时结算和贸易结算系统。一些国家的央行也发表了有关发行 CBDC 的论文或意向性声明，但各国央行采用的模型各不相同，迄今为止并未达成一致。此外，在政治方面有关客户的隐私权和所有权也是一些需要解决的棘手问题，并且一些国家对准备金制度附带的风险更为重视。但无论如何，央行发行 CBDC 后能够明显降低交易成本，提高资本的可获得性，降低对抵押品的要求，这些都可以带来明显的宏观经济效益。从央行的角度看，CBDC 有以下几个方面的好处：

（1）更好地控制货币政策与政策落实之间的关系。比如对利率而言，特别是在负利率的情况下，通过量化宽松形成的现金流，在 CBDC 条件下能够直接将政策强加于货币价值之上。在现代货币政策下，通常禁止央行将负利率设定在一定水平之下（比如 0.5%），以防人们为了不接受惩罚性利率而选择从银行提取出现金，而不是存放在活期账户上。迄今为止，银行只对商业存款收取过负利率，但央行认为受此影响，个人储户也可能会选择取出现金。在发行 CBDC 的情况下，由于数字货币的可控性，央行对任何持有货币的商业机构都可以征收这些罚款，降低个人储户的风险。量化宽松政策是一种政府选择的策略，会影响经济环境中的相对利率，但实际利率不能远低于零，否则涉及政府的债券会转移到央行的资产负债表上，依赖于商业银行的金融系统会将这些资金转移到实体经济中去。在具体操作中，尽管商业银行有这样做的动机，但从历史上看，商业银行还会采取另外一种做法，即在量化宽松时期增加自己的资产负债表而不是将资金转移到实体经济中。但如果采用 CBDC，那么作为量化宽松的 CBDC 就可以直接增加货币供应量，而无须依赖商业银行充当中介和发挥传导性作用。此外，央行还可以通过自动化规则直接向 CBDC 注入正利息，鼓励储户进行直接投资，而不是依赖商业银行为储户提供激励。尽管多数人提议将自动利率设定得低于央行政策利率，从而保证商业银行存款的竞争力和对储户的吸引力，这可以再次降低央行对商业银行的依赖，更容易实现激励储户的目的。

（2）资金可追溯性和税收便利。CBDC与现有数字货币相比，具有的明显优势就是交易历史的可追溯性。CBDC不是像现有数字货币一样在单个银行的账本中维护，而是在共享账本的所有节点上都可以，这是一种和比特币完全相同的模式。这使央行和税务部门等获得授权的机构能够全面了解交易的总体情况，从而更好地理解企业和个人的现金流和实际收入，这也能发现商业欺诈和防止洗钱等。对于央行而言，另外一个重要的好处是通过CBDC的交易历史记录能够更好地理解货币走势，从而为制定货币政策和税收政策提供丰富的数据。政府则获得了一个新的机会，能够跟踪和调查有关个人和企业的税务记录，并以比当前更高效的方法从源头征税。另外，由于CBDC的使用与货币供应量相关，这种可追溯性也可用于减少避税。

（3）提高货币供应的效用。采用CBDC后，交易成本的降低和实施财政政策时对传统金融直接机构的需求减少，将会大大地提升金融系统中货币的可用性，允许实现更大的货币流动性，从而降低管理支出和借贷成本，但也会导致更多的存款和贷款增加。此外，CBDC增加了税收的征收率和保障率，能够进一步提高税收的来源比例，增加货币在一般经济中的供应，从而提高货币的效用、降低成本并刺激整个国民经济的发展。

与上述几个好处相对应，央行发行CBDC后对个人和企业而言，也有一定的好处，具体表现为以下几个方面：

（1）减少对传统银行账户的需求。在CBDC体系中，个人对货币的所有权基于的是数字钱包中存储的货币单位，因此个人可以在传统银行系统之外直接将资金存储于央行，这意味着即使没有银行账户的个人也有机会将个人资金存储在央行中，而无须再申请银行账户，这将降低账户盗用和欺诈的风险，并为现金使用提供更大的便利。对于通过M-PESA等使用替代或并行货币的用户而言，CBDC更具优势，免去了将现金兑换为实物法定货币的需要。此外，央行还可以提供一个账号作为任何一个公民身份的一部分，并使用身份证件（如身份证、护照、驾驶证等）进行验证，在国家进一步采用数字身份信托框架时，消费者会在交易支付中享受到无摩擦体验。但在银行之外持有存款，也会导致一些缺陷需要各国央行去解决，比如储蓄将不受国家存款担保的保护，因此相应的法律法规也需要根据金融科技的进步做出对应的创新和调整，使非银行存储也能够成为重要的价值存储手段。

（2）降低交易成本，提高交易速度。个人与个人以及个人与商家之间的点对点消费将能够实现价值的直接转移，而不需要像现在那样通过银行的分类账、信用卡网络和银行结算系统进行处理。现有的支付系统，即使有即时支付功能，但仍然属于传统的银行分类账系统。使用银行分类账之外的点对点交易系统能够消除对账需求，从而降低交易成本，这意味着即使是高价值的交易也可以在没有中间人的情况下快速完成。交易支付的银行兑现需要确保资金是合法转移的，并纠正由欺诈或双倍支出造成的任何错误。与此不同，使用 CBDC 就像使用现金一样，价值只转移一次，而且转移的前提是有效交易，这样就无须对账了。当然，对消费者而言也有不利的一面，一旦交易完成就无法逆转，但这可以通过现有的消费者保护立法来解决，退款可以由交易双方平等协商，这样就可以解决消费者保护和退款问题。

（3）降低借贷成本。虽然在央行发行 CBDC 后，价值的调整可能会影响商业银行的资本比率，但个人或企业能够直接从非银行借贷机构获得 CBDC 贷款，降低了借贷成本。此外，CBDC 加密货币的特征使新型借贷具有可跟踪性。通过提供完全自动化的平台，可以使非银行放贷机构的贷款利率低于商业银行，对于高风险的借款人，也能够提高贷款的可承受性。

在央行发行 CBDC 后，除了个人和企业会获得显而易见的好处外，政府也可以获得额外效益。首先，CBDC 提供了一种有力的维持社会稳定的工具。除了对潜在的逃税者资金的可追溯性，加密货币还可以参数化设置，设定只有可信的一方才能使用 CBDC，这可以减少目前现金运行对宏观经济发展的许多不利影响。但需要注意的是，这种参数化的设置容易将某些社会弱势群体排除在外，造成富人和穷人之间的社会、经济分裂，因此这种参数化需要根据国家政策和实际国情调整，并参考社会态度和政府干预的程度。其次，发行和使用 CBDC 能够提供更多的循环经济市场机会。CBDC 在央行法定货币和主权货币之外，具有标准的银行和支付系统，因此 CBDC 具有很强的可用性和完全的责任和管理能力，有利于促进替代市场的增长模型产生，包括点对点零售贷款等，也有助于电子钱包提供商融入正常的零售和商业财务管理，从而促成更多的点对点交易行为并形成圆形市场模型，也为其他类型的资产交换提供了法定加密货币支持。在随后章节中本书将进行更细致的讨论。

毫无疑问，央行发行 CBDC 后必然会对现有商业银行系统产生影响，但影响的程度却取决于央行采用的模式，以及商业银行融入 CBDC 运转的程度。总体来看，CBDC 对商业银行的影响较为负面，主要体现在两个方面：一是资本比率的下降可能将会导致贷款成本的上升。央行发行 CDBC 后将会导致更多的个人和组织在非银行机构建立存款账户，这将会对商业银行及其持有的存款水平产生较大影响，直接降低商业银行的资本储备水平。由于资本储备水平与商业银行能够发放的贷款之间存在直接的关系，这将降低商业银行的放贷能力，推高商业银行的放贷成本，使商业银行更加依赖批发业务。英国央行对此持不同观点：存款的减少将会被更大的货币效应带来的刺激所抵消，使商业银行的存款在效用上有所增加，并提出了一个有效的假设市场模型，在主权支持的 CDBC 情况下提出了一些令人信服的观点。非银行贷款机构提供 CBDC，将会降低非银行贷款的成本，这可能会增加非银行和非传统贷款机构的可用性，对 P2P 贷款机构而言更是如此。二是会给传统商业支付模型带来颠覆性变化。现有银行的支付系统是复杂的，依赖中央银行的对账清算系统来验证客户交易，这个系统是集中分类账系统。新的支付系统将会影响银行内部和国家支付基础设施中运行系统的发展。虽然这些系统功能强大，但运行成本却很高昂。CBDC 作为一种 P2P 的支付网络，能够大大降低消费者的支付成本。几乎可以肯定的是，这将使商业银行的支付额降至可能会威胁其业务生存能力的水平。尽管 CBDC 的引入可以视为取代传统支付系统的一个历史性机会，但对商业银行而言，这将是一个痛苦且昂贵的转型过程。因此，金融系统更成熟和支付基础设施更复杂的国家在发行 CBDC 之前需要制订一项明确的过渡计划。无论是央行还是商业银行都面临着一些问题，虽然所有人都同意 CBDC 不能像比特币那样运作，也都同意 CBDC 与现有的银行数字货币和现金不同，但却没有合适的模型作为预测的基础，除此之外还有许多的模式选择问题和动机判断问题。

三、央行加密货币的实现基础

　　尽管央行发行加密货币无论对政府、央行还是个人或企业都有巨大的潜在利益和好处，但风险也很大，其中最大的风险就是将一个未经试验的货币体系强加于一个处于微妙均衡状况的金融体系之上，并且这个货币体系的运转方式还未得到人们的充分理解。CBDC 的模型是建立在假设的基础上的，其中很多假设都是已知条件的近似假设，而现实世界的经济建模是非常困难的。在已有的 CBDC 模型中，最好的几个模型和对应的分析都带有浓厚的古典经济学味道，更多关注的是市场行为，而不是个人行为。随着新技术和新货币形式的出现，个人的行为以及对加密货币的理解将变得至关重要，这也可以解释为什么现在有几个国家正在进行试点，以更好地理解 CBDC 不同模型的现实意义。正如上一节所讲到的，CBDC 的发行将对整个银行体系、个人和企业都产生重要的影响，同时也将从根本上改变央行在国民经济体系中的角色和作用。不同的经济体有不同的需求和动机，而这些需求和动机会因为不同国家的文化和金融监管驱动体制而有所不同，必须对此有充分的认识和分析。

对央行而言，最重要的事情是保持经济稳定，在大多数国家，央行除了直接发行纸币之外，还授权商业银行系统提供货币以及制定和管理包括利率在内的货币政策。政府通常与央行合作并利用金融体系的运转实现政治和经济目的，政府重点关注的是维护金融稳定和经济的健康运行。金融监管机构通常作为政府和央行的一个子集运行，负责监督商业运营，并确保消费者的权益不被不良商家侵占，此外还制定和检查商业银行的经营规则。作为消费者权利的守护者，监管机构还需要促进银行业的良性竞争。商业银行必须遵守政府、金融监管机构和央行制定的各种法律法规，在此前提下完成它们的首要目标——为股东创造财富和保持银行稳定增长。银行业务规模庞大，因此受到了监管机构的严格监管。由于在部分经济体（比如香港）内商业银行也被授权在准备金制度下发行货币，它们还受到有关竞争和货币供应控制的额外规定的约束。非银行金融机构也受利润的驱动，但因为它们不能发行货币，也不能从事其他需要银行业牌照才能从事的高风险活动，因此它们受到的监管比提供全面服务的银行要宽松得多。企业客户和其他社会组织，如非政府组织（NGO）、学校、政府部门、慈善机构等，也需要处理大量的资金，并需要银行帮助它们管理这些批发业务，因此这类企业客户和机构客户通常被视为是"黏性"客户，他们的大量业务与银行服务整合在一起。随着更多金融服务的出现，这种情况也正在发生变化。个人和小微企业通常是商业银行的零售客户，从银行获得的多是简单的银行服务，正因为传统商业银行向个人和小微企业提供的银行服务非常有限，这些客户成为许多非银行金融机构和新银行的目标客户。最后，对投资者（包括金融机构和企业集团）而言，他们会投资于政府债券和银行，以期获得稳定的投资回报。所有这些市场力量和参与者都会影响 CBDC 在不同司法管辖区内的实施方式，不同的文化背景、社会背景、经济发展状态和金融系统模式都会影响央行发行 CBDC 的方式，将来能够取得什么样的成功其实并没有蓝图可供参考。

在大多数发达国家的国民经济体系中，商业银行占有相当大的份额。以英国和美国为例，商业银行在 GDP 和税收中所占的比例高达 10%。中央银行的职责是稳定经济，如果将发行 CBDC 所可能引起的风险毫无准备地注入商业银行这样一个重要的经济部门中去，后果显然是无法想象的，因此需要多方面的准备和强有力的政治支持，并充分说服和改变广大民众对 CBDC 的认识和看法。在西方发达国家的政治体制中，央行、金融监管机构和中央政府是明显分离的，政府虽然拥有强大的公共行政能力，却缺乏必要的金融专业知识。在这些西方发达国家中，高度负责的经济论点最终往往以一种不可思议的政治正确的方式呈现，党派政治可能推迟决策或导致错误决策。为了追求在普通民众中的影响力和为选举铺垫，这些缺乏金融专业知识的政治家通常会对未经试验的新技术显得过于谨慎。诚然，在西方发达国家，商业银行系统与中央银行、金融监管机构和政府之间有着高水平的合作，可能推动民选政府官员定期与专家进行对话，但这样做的缺点也很明显，那就是公共舆论的话语权相对较小。从 CBDC 的角度看，央行和商业银行之间的密切合作可能会为加强对这一体系的控制而提供额外的机会，并能够通过调整系统在一定程度上降低风险。金融市场不太成熟的国家或银行体系较为扁平的小国家，也有可能比较大的国家更容易实施更有力的控制，从而能够进行试验和调整，在一定程度上降低央行发行 CBDC 后可能引发的风险。总的来看，西方发达国家的数字支付发生率已经非常高，消费者和商业银行之间的壁垒正在不断降低，加上税收方面的高度合规性，与其他国家相比，采用 CBDC 的影响可能会较小。此外，如果消费者能够接触到大量的传统银行服务替代提供商，或消费者对商业银行持负面态度，将会加速消费者转向非传统金融服务。央行发行 CBDC 也会加速这一过程，并可能会将商业银行置于风险之中。

与发达国家不同，对发展中国家而言，由于货币不稳定或市场不成熟，加上人口（特别是贫困人口）众多，反而更有可能从 CBDC 的发行中获取较发达国家更大的收益。在无银行账户人口比例较高的国家中，现金是一种重要的商品，但因欺诈、腐败和盗窃等各种社会负面问题的影响，现金也成为一种高风险商品。对于工资管理来讲，大多数工人的工资都是以现金形式支付的，因此大量工资需要进行现金运输，这也给工资管理带来了风险，此外这一部分的资金也有很大一部分因为是现金而不在税收雷达之内。从反贫困的角度看，没有银行账户意味着容易受到中间人的盘剥，并且由于无法建立身份或财务记录，反贫困往往陷入困境。特别是在大多数发展中国家，女性处于不利的社会地位，她们获得资金的机会通常会更少，实际上在此前讨论过的肯尼亚 M－PESA 的案例中可以发现，如果通过金融科技手段让没有银行账户的贫困人口获得基本的金融服务，那么就有可能让贫困人口（特别是女性）有能力发展生产，突破传统金融中信贷的限制，实现脱贫的目的。在工资管理方面，将现金形式的工资通过电子支付和安全的数字钱包发放，将极大地帮助那些在社会底层的贫穷工人，也能够减少欺诈和剥削的机会，并降低企业的运营成本。对发展中国家的政府和央行而言，发行 CBDC 不但能够控制通货膨胀和货币波动，也能够通过监控和控制支付来防范犯罪分子、恐怖分子和政治腐败。

发展中国家通常也是受危机影响最严重的国家，这些危机可能来自自然灾害、战争或其他人道主义灾难。在危机时期，这些国家的基础设施基本处于崩溃状态，国民也会失去银行账户和其他任何能够存储财富的渠道，以及其他可以用于证明身份的证件等，这些人们在最需要帮助的时候却一无所有。而且危机时期秩序混乱，他们随身携带的任何东西都很容易被盗，不法分子也会不择手段地从中获利。但如果有 CBDC 的存在，虽然 CBDC 不是解决冲突和危机的根本手段，但无论是个人资金还是救援资金都可以通过基本的移动电话实现安全快速地存储和发放，而且这些手机更有可能是由政府或人道主义救援组织所发放的，能够更好地保证资金不会被滥用和贪污。此外发展中国家的资本市场普遍不是很成熟，金融监管也较为宽松，传统的金融基础设施也较差，这种情况反而为 CBDC 提供了一个能够被迅速采纳的机会。可以大胆地预测，与大多数新兴金融模式一样，最早采用 CBDC 的国家很有可能是那些需求最为迫切的国家。这也意味着，在迫切需求的情况下发行的 CBDC，是没有经过充分调研和尽职调查的，低壁垒并不意味着都是好事。对不受管制或者管制较少的市场，另外一个风险是社会控制，特别是在落后地区和宗教势力较为强势的地区，CBDC 可能会成为政府实施政治控制的工具，利用 CBDC 的法定货币地位作为胁迫工具，将政府认为"不受欢迎的人"排除在基本的金融服务之外。因此，由于 CBDC 能给发展中国家带来潜在的巨大利益，随着移动货币和加密货币的普及，即使是在解决方案尚不完美的情况下，发展中国家仍可能会基于现实需求而成为 CBDC 的早期推动者和实践者。CBDC 本质上是一个中性的金融工具，CBDC 的运用和最终经济社会结果完全取决于使用工具的人。

正如之前章节所讨论到的，CBDC 的实现有多种选项，可供央行使用的模型也有很多种，其中具有可行性的有：央行发行 CDBC 作为代币并且其价值等同于该央行所持有的全部法定货币储备、针对政府债务发行 CBDC 债券（英国央行建议）、中心辐射或集中模型等。由于金融系统中有不同的参与者，特别是商业银行和金融科技公司，以及需要考虑 CBDC 发行模型中的货币政策控制、可审计性、利率、自动化税收等各种因素，发行 CBDC 需要多方面、全方位慎重考虑。以 CBDC 发行中心集中辐射模型为例，该模型允许商业银行发行商业和个人使用的加密货币，在一定程度上降低了 CBDC 从部分准备金中提取资金的风险，但这种风险的降低需要额外考虑很多市场因素。这种基于加密货币的价值体系，实际上也可以基于多种替代性基础资产或指数，而不是一定要与各国法定货币挂钩，加密货币也可以超越传统法定货币的地理使用范围而进入更广阔的市场。比如国家货币基金组织由多种法定货币组成的特别提款权（SDR）篮子的货币，就代表一种国际上普遍认可的且能够在全球贸易中使用的法定货币。由于币值的稳定，SDR 目前已成为一种储备货币，地位相当于布雷顿森林体系瓦解后用来稳定全球金融价值的货币。此外，如果用黄金或其他国际交易中使用的大宗商品作为价值支撑，那么 CBDC 在短期内尽管会缺乏法定货币的稳定性和经济意义，但可以作为一种全球认可的资产。在随后的章节中，本书将继续深入探讨由资产作为支持的加密货币，乐观地估计随着时间的推移，基于资产的加密货币将会和 CBDC 逐渐趋于一致，这也为各国政府和央行提供了一个新的机会，这些国家可能会从发行 CBDC 中进一步受益。另外一种可供选择的方法是各国在区域性加密货币的基础上进行合作，比如非洲地区、加勒比地区和南太平洋岛国等，这些地区可以组成货币联盟，先以 CBDC 形式发行政府债券，并与各自的法定货币同时发行，从而减少地区之间的贸易摩擦，随着时间的推移，还可以减少在国际贸易和金融体系中对美元的依赖。从未来的趋势来看，这种区域性的加密货币很可能会率先出线，或者是与国家法定 CBDC 同时并行出现。在发达国家中，由于欧元和欧盟单一市场的建设，也是地区性 CBDC 的天然候选人，这在欧盟 PSD Ⅱ 的启示中也有所提及。

以上分析是从经济和政治角度分析央行发行 CBDC 的现实基础。如果把这些因素放在一边，像 ICT 工程师一样从技术角度思考，央行发行 CBDC 又需要哪些条件和满足哪些实际需求？为了从技术角度保证央行能够顺利地发行 CBDC，并被普通民众普遍接受、个人和企业广泛使用，央行的 CBDC 系统需要具有相当高的技术水平，英格兰银行提出了如表 7 - 1 所示的技术要求。

表 7 - 1　构建 CBDC 系统的技术要求

CBDC 系统特征	技术要求
弹性	全天候不间断工作，高度的操作可靠性（ > 99.999% ）
安全性	能够对抗网络攻击
可伸缩性	能够应对峰值时期高达每秒几十万笔的交易支付
保密性	区块链私有但不能匿名
交易处理	实时处理和结算交易支付
互操作性	现有系统与 CBDC 系统之间的互操作
创新性	能够负载新的创新服务或技术
未来检验	CBDC 系统能够在未来提升性能且不会造成不良影响

一是系统的弹性，CBDC 系统要具有很强的弹性。在广泛使用 CBDC 的情况下，它作为关键的国家基础设施，在全国范围内要实现全天候、不停机的工作，任何意外停机都可能会对金融系统的运行和实体经济产生重大影响，这就需要系统具有很强的弹性。对于核心沉降引擎而言，99.999% 的最低运行可用性可能都是不合理的，这已经相当于每年大约有 5 分钟的停机时间。

二是系统的安全，CBDC 系统需要能够防止任何未经授权的数据访问、修改以及操作中断等（如 DDoS 攻击）。除了盗窃以外，潜在的网络攻击者还具有很多不同的动机，比如破坏对 CBDC 系统的信心以及重要的网络能力和资源，甚至是受国家支持的对敌对国家的攻击。

三是系统的可伸缩性，可伸缩性的实际需求取决于很多因素。以英国的支付基础设施为例，支付大数据显示，英国的平均交易量为每秒大约 1200 笔交易

（包括电子货币、现金和支票），高峰时期交易量会大大增加，英国金融管理局估计高峰时期可能会达到每秒 3000 笔左右，而英国的人口仅有 7000 万。对我国来讲，由于庞大的人口群体，仅支付宝峰值交易量就已达到每秒 25.6 万笔。如果能够在国际贸易中使用，加上小微支付和物联网设备等新兴增长领域的支付需求，CBDC 的实际需求可能比预期的要高得多。为了保证零售交易中的快速支付，CBDC 交易需要立即得到支付状态确认。因为确定结算的最终结果和速度对零售支付是至关重要的。实际上根据 CBDC 的原始定义，基于 CBDC 的零售支付从一开始就是以央行法定货币的形式支付，不需要商业银行的参与，因此 CBDC 的基础交易支付可以设定为实时结算，而不是目前广泛使用的延期结算。

四是系统的保密性，CBDC 系统的金融隐私水平至少要达到今天的基本要求。在这样的要求条件下，CBDC 系统必须是私有的，这意味着交易细节除了基础设施运营商外只有交易双方能够看到。但 CBDC 系统不能是匿名的，所有参与者的真实身份必须能够识别且所有参与者都要遵守政府有关反洗钱的金融规定。根据法律环境的不同，政府的某些执法机构或部门也可能会在适当的情况下查看特定当事人的交易细节。

五是系统的互操作性。任何国家央行发行的 CBDC 都需要与当前的金融体系共存，并尽可能与其他国家央行发行的 CBDC 共存，从而简化和加快跨境支付。这些系统之间的支付应确保只有当相应系统中的交易价值发生最终转移时才同步发生，只有当不同系统同步时才会发生 CBDC 的最终转移。

六是系统的创新性，CBDC 在央行发行后可以进一步推动金融创新。其中创新的关键在于支付的可编程性，比如自动化税收、自动化社会福利分配，或者父母能够将限制子女在可信的商店或网站上消费，物联网设备之间的微支付和跨境支付也是潜在的创新场景。这些创新很可能作为核心基础设施的覆盖层而被启用，从而允许 CBDC 创新和私有创新共同存在，因此通过技术创新实现 CBDC 有利于发挥其创新覆盖的特性。最后是 CBDC 系统的未来检验，CBDC 系统需要在未来很长的一段时间内不断适应变化的环境，并满足不断变化的用户需求和安全威胁，因此系统的所有功能和安全属性都需要不断增强，这是非常重要的。

四、全球各经济体对 CBDC 的态度

截至目前，已有很多国家的央行表示将会朝着数字货币的发行前进，甚至有一些国家的央行在意识到数字货币的未来影响后，转变了最初的反对立场。乐观地估计，2020 年有可能会出现世界上第一个央行发行的加密货币。本节将简单综述各国对 CBDC 的态度和看法。

中国人民银行对 CBDC 一直持正面的支持态度。在全球主要经济体中，中国是最为积极也是最有可能率先发行 CBDC 的国家。从战略上看，CBDC 的发行符合我国"一带一路"倡议，能够促进我国与欧亚经济联盟、中日韩自贸区等国际贸易合作的升级，能够作为一个重要的合作平台加强中国的地缘政治优势。在 2017 年和 2018 年，根据金融秩序规范，中国人民银行对创建和使用加密货币的加密货币交易商、ICO 和相关金融科技企业进行了清理整顿，但这并未影响中国一直以来对 CBDC 和区块链技术所持的积极态度。早在 2016 年 2 月，中国人民银行行长周小川承认，中国政府一直在探索和研究发行 CBDC。2016 年 12 月 27 日，区块链被写入"十三五"国家信息化规划，确定了区块链技术的价值以及对应的国家科技战略。2017 年 1 月，中国人民银行成功测试了用于商业银行之间的数字货币以及进行票据交换的数字票据交换平台。2017 年 7 月，中国人民银行数字货币研究院正式作为央行内部的一个独立业务单位开始运营。我国作为 CBDC 领域的国际先行者之一，在大概率上还是会通过一个或几个试点项目来管理风险和公众预期。从我国目前的金融系统整体情况看，CDBC 发行后可能会首先在银行内部交易，以保持现有的外汇管理和资本管制制度，但我国央行也明确表示 CDBC 最终将惠及全体国民。

新加坡金融管理局（MAS）一直以来为金融科技的发展提供了大量资金和相关政策支持，并设立了首席金融科技官（现任为 Sopnendu Mohanty），是全球金融科技的驱动者。新加坡金融管理局在 2016 年成立了 Ubin 项目，主要目的在于探索分布式账本技术在金融系统中的应用，以便更好地理解分布式账本技术对交易支付和证券结算的好处，其最终目标是开发更简单易用且更高效的替代系统，

以取代目前基于数字货币的央行发行代币系统。该项目的第一阶段在 2017 年 3 月已经成功完成，重点开发了一个使用新加坡元（SGD）等额货币价值进行国内银行间支付的原型解决方案；2017 年 5 月，MAS 宣布 Ubin 项目进入第二阶段。目前该项目已成功开发出三种不同模式的软件原型，以便实现使用流动性储蓄机制实现银行之间支付离散化的目标，用于这些原型的底层技术有 R3 的 Corda、IBM 的 Hyperledger Fabric 和 JP 摩根的 Quorum。基于这些软件原型的经验教训，MAS 计划推出一批衍生项目，其中一个重点方向就是研究使用 CBDC 进行跨境支付的新方法。

迪拜一直致力于成为"世界上第一个建立在区块链基础上的经济体"。迪拜信用局 emCredit 与英国 Object Tech Group 合作创建了数字货币 emCash，并在 2017 年 9 月推出了该数字货币，它是 emWallet 支付系统的一部分。通过智能手机提供的近场通信（BFC）支持，emWallet 能够处理各种交易。迪拜经济部副部长阿里·易卜拉欣（Ali Ibrahim）认为，数字货币给迪拜市民带来了显而易见的好处，数字货币的处理及支付的速度更快、交货时间更短且复杂度和成本更低，这将改变迪拜市民的生活和商业方式，"标志着这座城市在利用能够改变游戏规则的创新来提高商业便利程度和生活质量方面迈出了一大步"。尽管数字货币如何改变迪拜的金融游戏规则；以及数字货币是否有足够的吸引力达到 CBDC 系统预期的临界质量；包括与阿联酋其他酋长国之间如何实现互操作；最重要的是，在迪拜 85% 的人口都是外来人口的情况下，能否提供外国工人迫切需要的廉价资金跨境转账方法以改变窘迫的生活，这些都有待观察。

英国央行早在 2015 年初就成立了一个数字货币研究部门，重点研究基于区块链技术且与英镑挂钩的数字货币在英国的引入。英国央行已经提出了很多方面的有力证明和试验了分布式分类账技术在发行数字货币方面的应用，比如央行对零售账户的管理、社会福利的自动化分配以及替换英国传统的实时结算系统 CHAPS。英国央行在 2018 年提交的报告进一步引起了全世界对 CBDC 的关注。加拿大央行（Bank of Canada）是全球最早对 CBDC 进行概念验证的央行之一。加拿大央行一直在深入研究数字货币可能会带来的社会效益。在 2017 年 11 月发布的一份报告中，加拿大央行发表研究结论称：随着现代社会逐渐远离现金，创建和发行 CBDC 是有好处的。在员工讨论文件中，加拿大央行认为 CBDC 可能成为借记卡、信用卡和其他支付方式的廉价替代品，在零售和大额支付领域更容易出现竞争。虽然报告支持 CBDC 可能会节省支付成本，但对数字货币的一些拟议优势（如减少犯罪、反洗钱等）持一定的保留态度，认为这将会增加 CBDC 系统的操作风险。最后报告得出结论，鉴于 CBDC 的复杂性和不确定性，各国央行应循序渐进、谨慎行事。瑞典和其他北欧国家一样，也即将成为一个无现金社会。瑞典央行正在进行一项名为 eKrona 的项目，以决定是否应该向公众提供央行发行的数字货币。该项目正在考虑不同的技术解决方案，目前尚未就最终的解决方案作出决定和声明，预计该项目会在 2019 年年底完成。

在俄罗斯，中央政府推出一种名为加密卢布（Crypto Rouble）的加密货币，它的设计和发行以及对应的自动化税收由中央政府控制和监管。加密卢布目前声明其具有"可跟踪加密性"，这意味着区块链的密钥由中央政府所持有。虽然加密卢布与加密货币的一般性原则背道而驰，但考虑到俄罗斯当前的地缘政治环境，这也可能成为避免西方制裁的一种方式。俄罗斯中央银行副行长 Olga Skorobogatova 表示，所有国家的金融监管机构都认为，开发一种全国性的数字货币至关重要，这是未来的趋势。每个国家都将决定自己的具体时间节点，俄罗斯根据正在进行的试点项目，将进一步了解和确认哪种体系更适合俄罗斯发行CBDC。从 2017 年开始俄罗斯央行就开始测试几种不同的数字货币方案，以确定哪种方案对俄罗斯最有效，俄罗斯经济发展部副部长 Oleg Fomichev 强调，加密卢布不是一种私人货币，它是由国家发行、国家控制且能够在数字经济中流通的数字货币。莫斯科交易所集团主席 Artem Duvanov 进一步表示，加密卢布具有将现金的自由和国家对结算存款的控制操作结合起来的潜力，但这也引起了外界对于俄罗斯对 CBDC 控制水平的疑问和担忧。俄罗斯通信部的一份报告中提到，有一部分专家和政府官员认为俄罗斯必须尽快发行一种加密货币，否则会在欧亚经济共同体中失去竞争力。该报告同时提到，当加密卢布兑换成卢布时，将征收13% 的税率，这表明这种数字货币的税可能从国家控制区域以外的地方收取。

日本是世界上最大的加密货币支持者之一。日本不仅承认比特币是合法货币，并批准了几家公司运营加密货币。日本央行 2017 年成立了一个负责金融科技的部门，为寻求新的业务机会的商业银行提供指导。同时日本央行还与欧洲央行（European Central Bank）合作，研究区块链这样的分布式账本技术的应用前景。日本央行和欧洲央行在 2017 年 9 月的联合声明中认为，尽管未来不排除任何可能性，但区块链技术目前还不够成熟，不足以支撑全球最大的支付系统。尽管如此，日本央行正计划为 2020 年东京奥运会推出一种名为 Jcoin 的数字货币，作为通过智能手机购买商品的数字货币支付手段。在该应用中，Jcoin 将以 1∶1 的比例兑换日元，交易支付支持使用二维码。同时，银行将免费提供此项服务，并通过手机消费支出模式的数据来支付费用。

爱沙尼亚此前以基于区块链技术的电子居住项目和现金技术而全球闻名。由于爱沙尼亚对区块链的高度接受，该国央行也计划推出自己的数字货币。2017 年 12 月，爱沙尼亚电子居住项目的常务董事 Kaspar Korjus 宣布，爱沙尼亚正在考虑推出三种不同的数字货币模型 estcoin。但这一举措受到了欧洲央行的批评，因为根据欧洲央行的规则在欧元区内各国不能推出自己的货币。Kaspar Korjus 对此回应说，estcoin 不会成为欧元的替代品。其中一种解决方法是将 estcoin 与欧元挂钩，并向爱沙尼亚的数字居民开放。另外两个选择是"社区 estcoin"和"身份 estcoin"，前者用于奖励帮助改善爱沙尼亚电子居住项目的志愿者，后者将与个人的数字身份挂钩。根据目前的提议，这些资金可以用于购买政府服务或缴纳罚款。

2017 年，塞内加尔央行（BRM）效仿突尼斯的做法，与 eCurrency Mint 合作，基于区块链技术推出了塞内加尔版本的国家数字货币 eCFA。它的币值与塞内加尔法定货币 CFA 法郎相同，并可以存储在电子钱包中。eCFA 可以与其他非洲国家的数字货币相兼容。塞内加尔央行和 eCurrency Mint 在一份联合声明中表示，eCFA 是一种高度安全的数字货币和支付工具，可以放在所有移动钱包和数字钱包中，它将确保普遍的流动性，并使互操作性成为可能，增加西非经济和货币联盟的整个数字生态系统的透明度。

2017 年 11 月，委内瑞拉总统 Nicolas Maduro 宣布，委内瑞拉将发行一种名为"石油币"的数字货币以支撑该国经济。这种数字货币以石油储备为后盾，并且随后将由其他天然气储备、黄金和钻石储备等价物提供支持。马杜罗认为，石油币将帮助委内瑞拉在货币主权问题上取得进展，并能够克服金融封锁和进行金融交易。2018 年 2 月 20 日，石油币作为全世界第一个由国家推出的加密货币进行预售，当天共筹集到 7.35 亿美元。但客观来讲，这一举措的主要动机并非是为了利用加密货币的优越性，而是为了规避美国主导的金融制裁，以及提高通过国际银行转移资金的能力，并转移人们对委内瑞拉法定货币玻利瓦尔自由贬值的注意力。但是，一个缺乏食品和药品等基本需要的国家，一个无法按传统方式管理经济的国家如何能够发行数字货币，并建设数字货币所需的金融基础设施，以及应对相应的经济后果？石油币计划是否可信和有示范作用仍有待深入观察和思考。

五、本章小结

货币本身是一个多方面的动态概念。由于不断受到金融科技创新的影响和挑战，人们对货币的理解和定位也在不断修正。传统货币理论中往往将货币视为中性的，认为货币是计价单位、交易价值和交换媒介三位一体的存在。但在数字货币和数字化交易中，这样的定位似乎并不妥当。由于货币与我们的生活息息相关，理解数字货币的用途并改变或适应它的运作方式，在未来是一项具有挑战性的复杂工作。本章说明了数字货币和数字化交易的可用性，以及数字化交易中社会交互的机会和其他金融中介的作用。数字交易及其相关金融数据的生产必然会形成新的社会影响，也可以与其他可用的交易形式形成嵌入关系。特别是对于加密货币而言，数字货币和数字化交易本身的界限并不明显，二者有时具有一定的替代性关系。金融科技创新中需要更多地支持货币的交互性和进一步满足用户需求，促进推行更快捷的支付服务和更低支付成本的交易结算系统。

发行央行加密货币远非一个技术实现问题这么简单，任何考虑发行 CBDC 的央行都需要回答一系列基本的经济问题，同时考虑所有必要功能的可行性和可用性。要让 CBDC 成为现实，还需要进行大量的深入研究。尽管区块链技术及其底层技术正在迅速发展，但在无现金、无边界、小额支付和支持物联网设备的社会中，要使区块链在使用中达到预期的数量还需要更为成熟和完全规模化的市场环境。一方面如何发挥区块链具有安全性、弹性和可用性方面的优势取决于网络的架构方式，另一方面如何在弹性和控制之间取得平衡仍需要不断权衡解决。对央行而言，即使假设技术适应上没有任何问题，隐私、匿名和控制货币特征等也是巨大的挑战，比如谁可以使用、是否需要从源头征税等，虽然这些问题需要技术上的考量，但最终答案却是由政治甚至社会来决定的。

因此，拥有不同政治议程的国家采取截然不同的方法也就不足为奇。从未来趋势看，那些政府、央行和商业银行体系之间高度合作的国家更有可能成功。在最终决定发行 CBDC 之前，这些国家的政府和央行有能力暂停或控制加密货币的交易，以支持政府和央行的政策执行。尽管一些比较成熟的研究团队多在美国、英国、加拿大和日本等国家，但早期的行动者很可能是有具体需求的国家，这一点本章已做了大量分析。最近一些受到美国为首的西方国家金融封锁和制裁的国家也在积极探索发行加密货币。在俄罗斯之后，伊朗的一名政府高级官员也提出了类似的想法。在政治和技术挑战之间，银行间交易和大宗商品交易似乎是一个良好的试点开端，目前许多试点都已经在这个领域展开。一般认为，早期的 CBDC 能否推广普及，很大程度上取决于该国政府及其控制金融体系的能力和愿望。在推广 CBDC 的过程中，很有可能面临重大再平衡，使部分准备金贷款体系和金融支付行业面临风险，甚至可能扰乱全国的商业银行系统。但对发展中国家而言，CBDC 似乎提供了一种后发优势，再加上宽松的监管环境和不太成熟的市场，也为 CBDC 的发行创造了条件，尤其是在法定货币动荡的情况下，CBDC 为稳定法定货币提供了新的机会，这也是 CBDC 更有可能出现在发展中国家的原因之一。

第八章 数字货币对宏观经济的影响

随着货币数字化和贸易全球化所创造的便利条件，全球各经济体之间的联系越来越紧密，这一趋势对宏观经济也产生了重大影响。价值似乎正从传统的大型企业集团向创新型中小企业转移，并且随着互联网经济和数字经济的兴起，金融生态体系也在不断发生变化，新的金融生态体系和创新的商业模式对银行业产生了巨大的影响。在全球还有 20 亿人口缺乏金融服务的情况下，如何利用金融科技的创新成果和新型商业模式，在后发优势的基础上采用替代金融服务帮助发展中国家的广大贫困人口，以及在采用这些新型替代金融服务后，这些国家的社会和经济生活会发生怎样的转变，都是本章将要研究的问题。此外，本章还将介绍当这些服务替代传统金融体系中的服务后，如何有效地完成金融体系的演变升级。其中所涉及的金融监管、互操作性和可用性问题，不仅对发展中国家是一个挑战，对发达国家也是如此，如何利用金融科技所形成的新的金融体系渠道革新传统银行业是人类共同面对的发展问题。

一、数字货币和价值转移

经济学的经典理论认为，工作与金钱是紧密联系在一起的。从亚当·斯密提出劳动价值论开始，经济学家普遍认同商品的价值反映了生产食品所需的劳动成本，这成了古典经济学的主流理论。其他一些经济学模型则认为，价值是由于产品的有用性和稀缺性而产生的，也就是说对某种商品而言，其稀缺性越高则其价值也越高。但是，随着数字经济的发展，人们无偿工作并且创造产品的案例几乎无限增加，这对古典经济学中的价值理论提出了挑战。如何从劳动的角度看待人们的扩展身份开始自主运作并在没有直接控制的情况下开始产生商品价值呢？以苹果公司创始人乔布斯推出的产品 iTunes 为例，在 iTunes 上购买的音乐产品，支付的费用主要包括支付成本和 iTunes 利润，iTunes 的一部分利润会分给音乐产品的作者。潜在的销售量是无限的，因此对 iTunes 来说每个音乐产品的生产成本几乎为零，这就是一个理论上接近无限量的产品实例，并且产品的价值在不断下降。随着互联网的兴起，免费经济成为一个新的热点，越来越多的人们在免费生产产品，这包括大量的开源软件、维基百科、知乎、YouTube 等。世界各地的人们都在免费创建和分发内容，这些内容大多是有用和有价值的，但作者并没有为此而收费。在大多数情况下，人们在免费分发内容的同时，也希望能够进一步为他们销售其他商品提供良好的环境，这也是免费经济学最初的起点。但随着知识经济的流行，人们的动机和现实实践变得更为复杂，一些人为了真正地分享知识（偶尔也出于炫耀）或发展个人职业技能而进入一个互联网社区，比如 Github 这样的互联网社区已成为开源软件的大本营。更进一步，随着物联网的发展和金融科技的进步，甚至可以想象人们的产品在不受人们直接控制的情况下创造价值，比如一台能够自动驾驶的汽车，当送主人到达工作地点后，就可以进入 Uber 或滴滴这样的网约车系统，这样在主人工作的时候同时能够从其他乘客那里赚钱。这种想法虽然目前无法实现，但有其现实基础，这个例子中的自动驾驶汽车，与 YouTube 中的视频本质上是一样的，人们在互联网上发布内容，通过网络自动建立起自己的声誉而不需要专门去推动实现。

伴随着数字经济和免费经济的发展，人们已经普遍承认网络是有价值的，并开始用一些经济学模型来描述价值产生的过程。一般而言，网络中的价值随着网络中节点的数量（人、公司、事物）的增长而呈几何级数增长。在互联网经济条件下，建立网络比以往任何时期都更加容易，个人和企业之间的联系也比以往任何时候都更紧密。一些网络的价值明显高于其他网络，是因为这些网络覆盖的范围或目标群体更为广泛。无论是个人还是公司，都可以通过工作、兴趣小组、电话联系人、工作组和互联网社区等，在 Facebook、微信、Twitter、微博、WhatsApp、新闻组、兴趣网站等互联网媒体上与他人建立联系，满足各种兴趣爱好、技术追求和政治活动等需求。并且这些网络经常是交叉或者重叠的，作为元网络的一部分，由于可以访问其他网络，而使元网络更为强大。这些网络的交叉和元网络的存在，意味着人们不再需要正式的中介机构去管理知识和信息等的分配，这种去中心化的过程和数字货币在金融交易中去中心化的过程在道理上是完全一致的。这种去中心化的过程极大地改变了信息分布的形态，以前只有财力雄厚的大型企业或组织才能拥有的东西，现在向任何拥有有趣或有价值的产品和信息的人群开放，无论是比特币还是支撑比特币背后的开源软件运动都表明了这种趋势。对这种去中心化过程的另一个生动解释是所谓的病毒式营销，它不仅描述了这个过程的传输机制，而且可以应用于全球范围内的任何一个商品，无论商品多么独特都具有流行的可能性，这既是一些所谓的单品爆品形成的原因，也是一些初创企业能够成为"独角兽"企业的原因之一。本书在随后的章节中将继续对此进行详细讨论。互联网去中心化的过程已经大大改变了消费者的消费行为，不仅促成了在线销售的兴起，也改变着在线销售的形态；不仅影响着企业，也在影响着个人。越来越多的人们直接从规模较小的商店购物，或者从位置更远的商店购物，这意味着专业化的公司也可以有针对性地向目标群体进行销售。

　　互联网带来的去中心化意味着价值平衡也在发生变化。与以往不同，拥有巨额预算的大型企业不能再独享客户，任何一个能够在互联网上建立节点的人都可以联系到客户。由于各种正式和非正式的网络搜索向所有组织和个人平等开放，不管企业位于何地，也不管企业的资产规模如何，通过市场平台都可以获得以前不可能获得的发展机会，企业和个人只需要保证分发内容的质量而无须像过去一样做大规模和加强推广才能发展。对于消费者来讲，不管生产商的规模有多大，也不管他们是否建有线下的分销网络，都可以自由地找到他们想要的东西；对生产商来讲，管理产品或服务的营销和分销也比以往任何时候都要容易得多。即便如此，大多数小微企业仍然认为，营销和分销是企业经营中最困难的两件事，这表明互联网在去中心化方面还有进一步简化的潜力。为此，越来越多的中小企业（尤其是小微企业）开始向群体相对较小但有特定需求的客户提供商品和服务。具有讽刺意味的是，2008年全球金融危机后导致的经济衰退和随之而来的裁员反而促进了这些企业的增长。面对大型企业的经营不振和衰退风险，以及可能遭到裁员，更好的选择似乎就是个人创业。这种趋势的直接结果就是人们有了更多的消费选择，而不再局限于传统的超市。随着EWTO和跨境电商的发展，人们现在可以直接从全球各地的出口商那里购买产品，并与全球的商家和消费者产生互动。在这种大的趋势下，有一种现象正在悄然出现，消费者开始从较大的供应商转向较小的供应商，特别是专业软件和在线服务，最典型的例子就是金融科技革命。消费者和市场所需要的创新产品或服务，开始由创业者和技术专家组成的小型团队提供，这在以往都是由商业银行所提供的。这些创新的金融产品和服务，在很多情况下，银行是不提供的或者需要复杂的解决方案，但技术创新形成和开拓了新的市场。类似的事情也发生在传统意义上的大型公司中。IBM 的调查统计数据表明，80% 的员工即使在没有得到公司许可的情况下，仍会下载自己的应用程序，这些大量存在的影子应用程序出现在个人的设备中，并被进一步带入公司的工作中，而那些被指定的甚至过时的公司发行的设备通常无法为规模较小的利基市场提供支持。从整体情况看，尽管这些小型供应商与客户的需求仍存在差距，但在病毒式营销中可以发现，客户仍然能够凭借单独需求找到供应商。而且，越来越多的市场平台开始面向普通大众。区块链技术能够促进多重平台的市场发展，这将是下一个大的市场变化和经济变革，能够为生产者和消费者之间提供更好的互动。

正如此前章节所讲到的，银行在传统业务中提供从保险到企业融资的广泛服务，并管理从销售到技术基础设施的全部支持功能，这种模式也是 20 世纪大型企业集团通常采用的模式。为了保持组织的内部控制，银行更倾向于在组织内部完成全部服务。从控制角度看，这似乎是有道理的，但同时也带来了两个问题：①企业需要寻找最优秀的员工来做每件事；②公司需要将最优秀的人放在最重要的事情上。但问题是，没有哪个人也没有哪个企业能够把每件事都做好。正如吉姆·柯林斯在《从优秀到卓越》一书中所阐述的观点，企业要同时做好很多事情是很困难的，因此需要借助"刺猬概念"找到企业的擅长点，并专注于把擅长的事情做到极致。另一个令人意外的历史经验是，以银行为代表的大型企业集团或组织提供的服务和利润之间几乎没有直接的关联，积极的企业文化与利润之间存在更为紧密的关联。这意味着银行不会因服务质量差而对财务业绩产生影响，也意味着银行（包括其他大型企业）都尚未因客户服务质量问题而受到市场的处罚。但是在互联网时代和数字经济条件下，一方面消费者更容易获得替代品，另一方面是互联网社交对客户信息的传播，市场的权力开始从品牌转移到服务。无论是个人消费者还是企业消费者，都开始"用脚投票"，只愿意把业务交给能够以最适合他们的方式提供他们所需服务的供应商和商户。目前那些规模较小的初创银行是银行业中的一股清流，它们开始注重客户的期望和需求并提供更友好、更注重个性的产品和服务，尽管一些挑战和调整是为了维持其业务模式，但它们对客户需求的响应和服务方式的改变仍对整个银行业构成了影响。面对这一趋势，全能银行大体上采用了两种基本方法：一种方法是剥离运营模式但保留全能银行模式，另一种方法是保留全能银行模式和运营模式但利用金融科技引入一些市场上最新的需求功能。在第一种模式中，银行将客户支持服务外包给擅长这些业务的企业，以降低运营成本和风险。然而由于银行服务本身比较复杂，将这些服务大规模外包出去后，容易产生流程的过度定制和度量标准的复杂化，从而让银行错过降低成本的大好时机。在第二种模式中，银行不能应对新的结构性挑战并及时转型，由于其核心服务的复杂性、不可靠性和反应缓慢，很可能会在新的市场竞争中失去客户。

传统上银行之所以能够在市场竞争中存活下来并蓬勃发展，是因为银行普遍具有较大的规模，并且在牌照业务的保护下从央行获得了支付、渠道等市场上有限的接入服务。银行的规模为它们提供了强大的资本基础，也提供了在金融领域极其重要的声誉和品牌。但是规模并没有为银行提供规模经济优势，反而在客户获取和管理方面，单位业务的成本随着银行规模的增长而增长。对这种现象，一般认为是由于银行的复杂性不断增加，金融监管部门理解和监控这种复杂信息的需求也不断增加。与此同时，在全球消费市场上互联网、颠覆性的金融科技和分销方式正转变为新的动力，逐渐开始创造出一个新的互联经济。在这个新型经济中，金融科技初创企业正以更灵活、更专注、更新颖的服务方式从那些传统的大型银行集团手里抢走业务。实际上，这种趋势不仅发生在银行业，所有传统上由大型企业控制分销的行业都受此趋势的影响。随着市场网络脱离传统大型企业的控制，如同其他行业一样，银行业也在努力克服挑战，以保持自己在互联经济中的地位和市场份额。目前最成功的做法是银行作为积极的参与者与金融科技初创企业或服务供应商合作，改变业务操作模式，一方面让客户继续受益于它们的专业金融知识、经验和规模；另一方面成为新的完整网络中的真正参与者和合作者，并给予金融科技企业和其他相关组织共享所有权，从而为银行客户提供真正的差异化服务。这种模式随着平台和银行生态圈的改变而出现银行服务即平台（Banking as a Platform，BaaP），银行与银行之间、银行与金融科技企业之间不再是纯粹的竞争关系，他们开始合作，从互联经济网络中获取机遇和利益，并通过互联网络为客户打造面向未来的全面的金融服务。

二、金融服务供给创新

从全世界范围看，无法获得银行服务的人（Unbanked People）目前估计有20亿，接近世界成年人口的一半。虽然大多数没有获得银行服务和银行存款的人生活在发展中国家。但仍有相当一部分人生活在发达国家，根据世界银行的调查，美国这部分人口甚至达到了总人口的7%。不过这种情况也随国家和地区的不同而有差异。在欧洲部分国家（特别是北欧国家）仅有不到2%的成年人在银行没有存款。得益于网络科技的进步，在过去10年里没有银行账户的人数迅速下降，仅在2011~2014年全球就有7亿人获得了金融服务。在全世界的无银行人口中贫困人口占绝大多数，根据世界银行的统计约98%的无银行账户人口都是贫困人口。没有接受银行服务或缺少银行账户，意味着这些人口没有传统意义上的正式交易历史记录，无法验证其住址和身份，因此他们也无法访问和获得基本社会服务、公用事业服务和就业机会，并且身份识别等问题会进一步影响到子女的教育，造成了新的文盲和贫困代际传递问题。对企业来讲，这意味着除了现金没有其他交易支付方式，除了通过亲朋好友借贷或者利率定价过高的非银行贷款机构，没有其他信贷渠道，这为急需发展的小微企业设置了信贷门槛，使其在没有资金支持的情况下很难取得增长和增加规模。实际上，这种信贷限制使数以百万计的小农和路边商贩陷入了困境，使摆脱贫困成为一件极其困难的事情，也使人们更容易受到市场中介的剥削。

正如之前所讨论到的，银行提供的服务中有一项关键服务是身份验证，但是这需要首先获得银行账户和对应的身份文档。目前，全球仍有10亿人无法获得正式的身份文件，其中绝大多数是深度贫困人口和流离失所的难民。缺乏正式的身份，除了使个人在获取金融服务方面存在障碍，也为反贫困和反腐败制造了障碍，这些人口也无法确认对财产和土地等自然资源的所有权。自20世纪50年代以来，世界各国政府和非政府组织根据各国情况实施了大量替代金融机构方案以支持贫困人口脱贫和小微企业发展，这些替代金融机构主要是小额信贷机构，其中包括金融合作社、村镇银行等。这些机构比标准银行所受到的监管更为宽松，专注于小额信贷发放。然而，尽管这些金融机构的数量发展很快，但研究表明它们在帮助贫困人口脱贫方面存在一定程度的有效性偏差，同时也有学者担心城市人口和相对缺乏服务的农村人口之间的差异会加大。这些替代金融机构的规模往往较小，运营成本普遍偏高，这种高成本不可避免地传递给客户，最突出的表现就是利率较高，在很多情况下这些小额信贷机构故意利用借款人缺乏其他替代性方案的机会，进一步推高了借贷利率和贷款门槛。此外，此类机构提供的储蓄账户和其他金融产品也因效率低下和缺乏可用性而受到市场的广泛质疑。面对这些现实情况和制度羁绊，以及随着互联网的普及和金融科技的进步，过去十年出现了一些非银行服务来填补无银行账户服务的空缺，使这些贫困人口群体能够以另一种方式获得金融服务和身份验证，而不用面临传统银行账户那样较高的进入壁垒。

供给总是出现在市场最需要的地方，非洲作为全球贫困人口最集中的地区，是全球率先采用无须银行账户的移动支付的地区。根据世界银行的调查数据，撒哈拉以南非洲国家中（特别是肯尼亚和坦桑尼亚）约有 12% 的成年人拥有移动货币账户，并且这个数字还在上升，这主要归功于 M - PESA，这一群体中约有一半人是没有传统银行账户的。M - PESA 是位于肯尼亚的 Safaricom 公司在 2007 年推出的一款简单的转账支付系统，它允许用户将价值储存在 SIM 卡上的电子钱包中，PESA 在当地的斯瓦希里语中就是"钱"的意思。M - PESA 可以在只具有基本功能的手机卡上运行，在无法使用私人移动电话的地区，人们可以使用共享移动电话来运行 M - PESA，每个人只需拥有自己的 SIM 卡即可，在不用的时候可以将 SIM 卡缝进衣服中以确保资金安全。M - PESA 最初是作为一种促进小额信贷的工具而设立的，但很快就被用作一种支付工具，并创新推出了汇款和支付服务。M - PESA 的商业模式灵感来自肯尼亚人用移动信贷代替现金进行交易支付的做法。这个最初只有 17% 的人口拥有银行账户的市场，对 M - PESA 而言无疑是理想的市场，M - PESA 也因此获得了巨大的增长机会。到现在为止，M - PESA 获得了惊人的发展，约有 90% 的肯尼亚人在使用 M - PESA。更重要的是它为这些没有银行账户的贫困人口开辟了访问传统金融体系的机会。在 M - PESA 快速发展的同时，肯尼亚银行的客户从过去的 100 万人增长到了现在的 600 万人。M - PESA 随后在坦桑尼亚也成功启动。总体上看，这两个国家都具备了让 M - PESA 取得成功并迅速发展的条件：获得传统金融机构融资的渠道很窄且担心实物现金的安全性。现在 M－PESA 也提供了在移动电话贩售点兑换实物货币的便利。M－PESA 最初是由电信运营商推出的，目前 Safaricom 仍拥有在东非的专营权，其他市场由沃达丰负责运营，但它也与一些当地的银行进行了合作，正如此前介绍的一样。除了肯尼亚和坦桑尼亚之外，M－PESA 还在南非、阿富汗、印度和东欧等市场推出，都取得了不同程度的成功。尽管在东非地区产生了重大影响，但是由于其可用性、可替代性和功能性等方面的问题，它的应用程序是很有限的，并且与应用广度不对称的是应用频度，频繁使用的用户与总体用户的数量比例要比标准的银行账户的对应指标低得多。M－PESA 作为先行者，在市场中运行的最好是因为它建立了主导地位，但 M－PESA 需要进一步提高实用性以进入市场地位重要的商业生态系统。

下面介绍另外一些与 M－PESA 类似但又不同的移动支付和电子钱包。

（1）总部位于肯尼亚首都内罗毕的 BitPesa 成立于 2013 年，是一个数字货币交易所。2014 年开始它允许用户将资金发送到肯尼亚境内的任何移动钱包，2015 年它开始向肯尼亚、尼日利亚和坦桑尼亚的 7 家移动钱包和 60 多家银行提供支付服务，目前业务已经遍及伦敦、达喀尔和拉各斯等多个地点。BitPesa 最初的目的是帮助非洲的海外侨民和务工人员快速、廉价地将资金转移到非洲，它接受数字货币并向用户提供法定货币作为交换，允许用户绕过速汇金（Money-Gram）和西联汇款（Western Union）等传统的电汇公司，减少了超过 2/3 的汇款费用，每年仅此一项能节约超过 7400 万美元。在非洲，一般公司对非洲客户收取的平均汇款费用约为 11.8%，高于全球 8.9% 的平均水平，BitPesa 在降低汇兑成本方面发挥了重要作用。此外，虽然 BitPesa 关注的是散居在国外的侨民，但它也被规模较小的中小企业采用，这使非洲国家的进出口和汇款成为可能。BitPesa 也是世界上第一家在非洲货币和数字货币之间建立汇兑市场的公司，它使非洲国家一般用户的国际支付成本降低了 75%，支付结算时间从 12 天缩短到了 2 个小时以内。

（2）总部位于新加坡的区块链初创企业 Everex 成立于 2016 年，它专注于搭建平台为跨境贸易实施实时结算，并辅以区块链安全技术。它还计划解决全球异国务工人员面临的实际问题，即由于没有银行账户或银行存款而无法进入现代金融系统，需要支付高昂的汇款手续费才能把钱寄回家人手中。Everex 使用以太坊区块链技术创建了加密货币资产，通过加密货币，这些务工人员、移民和国际援助组织就可以以较低的成本有效地将资金从现代银行系统转移到目标国家和地区。Everex 的目标是通过降低费用、延迟和排队改变目前全球跨境汇款行业面临的各种挑战。

（3）Stellar 是一个连接支付系统、银行和个人的开源协议，通过该协议几乎不需要任何成本就能够实现快速、可靠的资金流动，从而能够通过互联网创建一个全球价值交换网络。目前发展中国家的几个非营利组织正在实施 Stellar，以期能够将其发展为金融基础设施。其中撒哈拉以南非洲地区的 Praekelt 基金会是工作成效较为突出的一个，该基金会已经将其整合到 VUMI 中，以帮助人们节省通话产生的费用。

三、金融科技对反贫困的贡献

尽管现代金融获得了长足的发展，但据世界银行调查估计，目前全球仍有20%的人没有合法身份，流离失所的难民更是如此，没有身份证明成为他们获取援助和政府服务的一个重大障碍。BanQu 在肯尼亚的 Dadaab 难民营试点了一项基于区块链的计划以帮助那些流离失所的索马里人建立合法的经济身份，以便他们能够建立长期、安全的身份认证，获得政府服务和金融援助。此外，类似ID 2020 这样的倡议也正在召集金融科技企业、开发机构和智库等，帮助全球超过 10 亿的没有合法身份的人口。除了针对难民，BanQu 还利用区块链技术为非洲发展中国家的小农户等贫困人口建立了经济身份，不管他们拥有土地或收入的多少，也不管他们的性别，真正采取行动去解决贫困和不平等问题，这使这些人口不仅能够获得信贷，而且能够以合法的方式对外输出产品。此外，由于 BanQu在供应链中提供了一个"可验证的认证体系"，该认证标示与它们在区块链中的产品是相关联的，能够更好地实现平等和无差异对待。通过为这些贫困农民提供端到端的供应链和对农民的小块土地进行测绘，BanQu 解决了土地权利的财产登记问题，并为利用土地融资提供了合法的通道。与此相比，ID 2020 是一个更广泛的倡议，它致力于通过公私伙伴关系（Public – Private Partnership，PPP）解决全球 10 亿人的身份排斥问题，它计划通过四项身份原则来保护个人身份：①个人身份是独一无二的；②从生到死的持续身份同一性；③只有密钥持有者才能使用私有身份；④全球可访问的便携身份形式。这个项目带有一定的概念性质，它的启动是出于对自我独立身份的需要，它认为无论是个人还是企业都应该能够存储自己的身份数据，并有效提供身份而不是需要验证身份，也不应依赖于身份数据的中央数据库。它的最终目的是促进包括出生登记的合法身份的保护。目前，思科、普华永道、埃森哲和微软等全球知名企业都是该项目的合作伙伴。

这些金融科技带来的金融服务供给革命为反贫困带来了巨大的便利，也做出了明显的贡献。仍以 M－PESA 为例，在它取得的成绩中有一项重要的成就，那就是赋予了很多贫困人口（特别是女性贫困人口）发展的权利，使他们能够创建小微企业并进入正规经济体系中，并使贫困人口所在社区的经济力量大大恢复了平衡。通过使绝大多数人能够进行交易，M－PESA 促使整个贫困人口阶层的自下而上的发展成为可能，从而提高了他们投资于子女教育的能力，并实现了长期的人口水平改善，有助于改变贫困代际传递和实现可持续生计。M－PESA 还与其他正在改变人们生活的公用事业相结合，比如 M－KOPA 太阳能电池板和水表的分期付款购买计划，让最贫穷的人们获得了清洁的水和电力。从 M－PESA 的案例库中可以看出，虽然小额信贷和自上而下的投资对支持经济发展、反贫困很重要，但自下而上的社区解决方案往往能够取得更长远的成功和效益，因为它们不依赖于任何第三方的支持。BitPesa 的案例也说明了同样的道理，虽然它关注的是海外移民和务工人员，但对当地企业（特别是小微企业）也产生了重大影响，正如这些受益于 BitPesa 的公司所言，如果没有这种有效的解决方案，它们就无法像现在这样开展业务，BitPesa 使它们在非洲做生意更容易。这些项目的实施，使贫困人口（特别是女性）获得了以往不太可能获得的金融服务，降低了交易成本和公共服务支持，通过社区之间的自发性沟通赋予了贫困人民发展的权利。

这些新的另类金融供给对传统金融体系已经产生了长期的影响，对人类反贫困提供了具有深远意义和极具价值的帮助。肯尼亚在有了 M－PESA 之后，银行开户人口从最初的 17% 增加到现在的 60%，使几百万肯尼亚的贫困人口能够开设银行账户，即使考虑到人口增长因素，这也是一个惊人的增长速度，创造了人类反贫困方面的一项金融纪录，如图 8－1 所示。非洲大部分地区和多数发展中国家仍然缺乏正规的银行基础设施，加之人们对银行的抵触心理和信任度较低，这意味着贫困人口难以获得银行服务，即使银行提供服务很多人也可能不会选择开设银行账户。

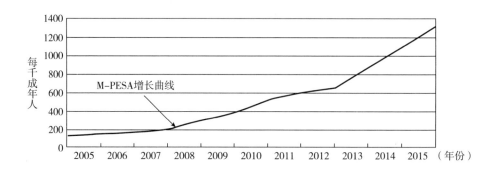

图 8 - 1 2005～2015 年肯尼亚银行开户人口增长率

资料来源：世界银行。

移动支付的另一个巨大成功是移动钱包在我国以及整个东亚和东南亚的大面积普及。支付宝、微信支付以及其他本地供应商已经迅速将用户从传统支付推向了移动支付，其中大多数人都将二维码作为快速、安全的交易工具。与全球其他地区的移动支付提供商不同，以支付宝和微信支付为代表的中国方案，并未以银行的身份运行，而是与商业银行进行整合，支付宝也明确表示无论是支付宝还是蚂蚁金服都无意成为银行。支付宝、微信支付等移动支付引起全世界关注的地方在于它们占领市场的速度、普及的范围，还有普及的深度，以两个方面的事实为例：①支付宝和微信支付不仅在城市的商铺中广泛使用，在中国广大农村和路边商贩中也被广泛使用，不仅提供了便捷支付工具，也提供了便捷的个人转账工具，使人们无须再借助于现金、网络银行和实体银行；②在财物失窃等犯罪领域，人们损失的更多是手机等实物资产，而非金钱等货币资产。即使是手机遗失，受害者的电子钱包、银行账户等金融资产的安全也不会受到重大损失。移动支付利用市场的力量促进中国开始自下而上地建立无现金社会。到中国旅游的外国人经常抱怨，如果没有当地友人的帮助，他们会因为没有支付宝或者微信支付而经常无法适应或者顺利完成支付。官方的中国银联凭借其世界第三大信用卡发卡组织的市场地位，借助庞大的传统银行用户基础最近才开始在这个市场发力，但普及程度仍较支付宝和微信支付有巨大的差距。支付宝目前在全球已有 10 亿用户，其中 7 亿用户在中国，微信支付也有 8 亿用户。无论是支付宝还是微信支付，尽管它们已经彻底改变了中国的支付格局，但由于它们是建立在与传统金融系统的合作之上，尚未能从根本上对金融支付体系产生重大影响。

正如前文所述，金融科技在反贫困领域遇到的一个问题就是，很多没有银行账户的人们多年来一直在使用本地昂贵且低效的银行替代品。M – PESA 的成功经验表明，在现有银行替代品失效的情况下，金融科技提供的替代服务有机会获得可观的市场份额。但 M – PESA 作为第一代移动支付服务背景下的产品，也有其不足之处，它并不能完全取代银行业务，而只能是作为用户进入正式金融体系的门户应用程序，这一点已被大量事实所证明。另外，M – PESA 和 BitPesa 这类移动钱包缺乏互操作性，这意味着它只能在封闭的网络中使用，不能与其他钱包一起使用，让人们为了使用不同的移动钱包而同时使用不同钱包供应商的 SIM 卡是很难实现的。而且 M – PESA 和 BitPesa 的使用群体是低收入群体，人均使用量也相对较低。然而，随着金融科技的发展，金融科技企业与传统银行之间的关系变得更加成熟和友好，能够为客户提供更丰富内容的新兴服务，为消费者提供新的替代选择产品。正如支付宝和微信支付一样，它们提供了一种灵活的、用户友好的金融服务，从而在很短的时间内获取了大量的市场份额。可以设想，如果支付宝和微信支付的这种可用性与 M – PESA 的市场机会结合起来，完全有可能创建出一个新的金融支付替代选择，从而消除传统银行的必要性，降低小额信贷机构的成本和传统银行的进入壁垒，增加政府资助和非政府资助计划的实施成功率。目前，HiveOnline 正在几个落后的发展中国家试行这种方法。

本章以及之前章节所提出的解决方案，尤其是基于区块链的解决方案，都可以为贫困人口提供真正廉价的金融服务替代品。事实上这些解决方案正在有重大需求的市场上不断推出，这意味着，这些发展中国家完全可以绕过传统的银行体系，通过非传统的金融科技企业提供的包容性金融服务实现普惠金融。这与传统的金融和货币理论是不同的，也是这些发展中国家从金融科技中获取的后发优势的具体体现，通过金融科技有可能实现另类的金融繁荣和反贫困。金融科技的发展在为反贫困和经济发展提供助力的同时，也会给金融监管机构带来新的挑战。由于支付工具提供商不代表客户持有资金，因此它们可以在相对简单的立法和相对宽松的监管下运营。虽然与 M – PESA 类似的电子货币提供商因为持有货币，对客户资金拥有更多的控制权，但与传统银行不同的是，数字形式的货币是由客户拥有和控制的，M－PESA 不能将其用于资金流动，因此它们不能在部分准备金制度下像传统银行一样发放贷款，所以也不需要承担高额违约风险。

正如第七章所讲的央行加密货币（CBDC）一样，发达经济体转向加密货币的过程中，商业银行由于受到储备机制调整的影响，可能会给传统金融业带来不确定性和风险。但如果金融科技所替代的是以前银行不能提供的服务，或者宽松监管下银行才能提供的服务，那么在这些经济体中传统银行似乎并不会受到太大的影响。对于金融科技创新企业，实施宽松的监管具有充分的理由，只有允许这些替代服务成长和成熟才能填补市场的空白或不足，这也要求政府和监管机构提供支持政策以促使更多的移动支付供应商在市场中竞争。这对金融科技企业（特别是移动支付提供商）而言是一个好消息，对广大消费者也有切实的好处。消费者能够获得更灵活的、全方位的融资服务，而无须克服传统银行设置的层层壁垒。但各个国家的情况不同，反贫困所面临的具体内容也各有差异。M－PESA在肯尼亚的成功和支付宝、微信支付在中国的成功，并不意味着它们在世界其他国家也能取得同样的功效。但无论如何，随着金融科技的提高，金融服务也将更加便利、便宜、灵活和有用，这无疑对反贫困工作是很有帮助的。

四、本章小结

由于金融科技、互联经济和数字经济的崛起，传统银行正在失去其作为向客户提供金融服务的唯一供应商的市场垄断地位，越来越多的客户"用脚投票"，选择了更切实可用的金融科技公司提供的支付工具。随着以支付宝、微信支付等为代表的金融科技企业的崛起，传统银行面临的威胁越来越大。对此，传统银行需要利用网络改变运营模式，解决银行业务运营中的基本问题，而不是试图与这些金融科技企业进行竞争或买断它们的股份。

从利用金融反贫困的角度看，尽管历史上为没有银行账户的贫困人口提供的另类金融服务已经存续了相当长的时间，但普遍来看它们不但成本高昂、效率低下、控制不力，而且受制于政府注入资金的规模。M－PESA 和 BitPesa 等移动钱包的兴起，为贫困人口提供了一种相对低廉且有用的替代金融服务，这种模式表明普惠金融是完全可能实现的，即使是在拥有相对薄弱技术基础的发展中国家也能够实现。对那些资金和身份纳入处于不利环境的贫困人口而言，金融科技能够使他们建立合法身份认证和财务历史记录，并通过社区合作脱离贫困，同时也能够增加贫困人口子女接受教育的机会，摆脱贫困的代际传递。新一代基于区块链的加密货币服务为经济困难的人们提高了丰富的汇款、身份和资金管理服务，尽管还处于早期阶段，但表现出了良好的市场效果，越来越多的人开始接纳和使用这种服务。这些新的由金融科技提供的替代服务，可能是促使发展中国家无银行账户的贫困人口获取金融服务的最佳方案，这种方案能够降低发展中国家对传统银行服务的依赖，从而利用后发优势实现普惠金融。

第九章　监管科技及人工智能

　　金融科技的发展及其对经济社会生活的影响，使金融科技创新越来越受到人们的关注。金融科技的一系列创新不禁让人产生疑问，金融的数字化转型到底会带来怎样的金融新格局。其中一个关键的问题在于，传统金融机构将发挥何种作用，尤其是采用新举措后可能会给金融服务带来什么样的新风险。这些新的问题也给金融监管机构提出了挑战。本章将讨论这些问题以及不同的监管方法，以及如何通过监管确保现有企业和初创企业都享有公平的竞争环境，同时保护好消费者的金融权益，重点讨论的是金融监管如何支持金融科技创新。

　　人工智能是模拟和扩展人类智能的一门新科学，作为引领第四轮工业革命的关键技术，正成为全球科技竞争的制高点，也正在成为全球经济发展的新引擎和产业变革的核心动力，金融行业也不例外。核心算法的突破、计算能力的提高和互联网大数据的支撑，使人工智能在产业应用上取得了质的突破，引起了经济社会结构的巨大变革。2017 年 5 月，中国人民银行成立金融科技委员会，提出要"强化监管科技（Regtech）应用实践，积极利用大数据、人工智能等技术丰富金融监管手段"。技术进步是推动金融传统经营和监管模式实现重大变革的关键因素。在人工智能的催化下，传统银行业正在加速向智能银行转变。人工智能技术能够用于快速识别异常交易和风险主体，检测和预测市场波动、流动性风险、金融压力、工业生产以及失业率等多维数据，抓住潜在的金融稳定威胁。从金融监管的角度看，人工智能为提高金融系统的合规性和安全性提供了新的机会，并有可能对现有监管模式实现颠覆性突破。基于上述目的，本章还研究了人工智能（特别是机器学习）在审慎金融监管中的应用逻辑，以及在监管科技方面的发展空间，以期为我国今后提升金融服务环境、培育经济发展新动能提供理论参考。

一、监管机构的定位

金融服务业在金融科技的影响下正在经历着重大的历史性变革。在这种情况下，对金融监管机构而言，最重要的是明确自身的定位，要做到继续确保对消费者和市场系统的合理保护，既要避免对现有企业的过度保护，也要避免为新来者和初创企业设置行业准入壁垒，促进合理的金融创新和金融业的理性竞争，甚至可以从鼓励创新的角度对金融科技初创企业实施相对宽松的监管政策和营造相对宽容的监管环境，支持和促进金融科技企业成长。为了说明金融科技带来的挑战及潜在的市场危险，本章分别从以下几个不同的方面进行说明。

首先是互联网支付和银行账户聚合服务中的客户识别问题。在线支付和移动支付为消费者提供了一系列不同的登录或授权方式选项，目前的趋势是比标准登录和密码方法更简单、更友好的标识解决方案将被广泛应用，这些解决方案与金融服务业中使用的传统方法有很大的不同。欧盟金融支付指令中关于获取银行信息的指令，涵盖了金融服务与客户之间定位的新用途和创新服务的范围。在该指令下，新的支付服务提供商与其他支付机构必须遵守相同的规则，这种监管规则可能会存在安全方面的问题。与此类似，银行账户的聚合服务也可能会产生相似的问题，这些应用程序需要从金融机构检索有关客户银行活动的信息，客户需要将其不同账户的凭据发送到聚合器中，聚合器则反复使用这些数据来构建客户的财务状况和概览状态。虽然金融机构不断收到使用客户识别码获取数据的请求，但是却不知道这些请求到底是来自真实的客户还是潜在的未经客户授权的第三方运营商，因此首要问题就是改进这些请求的可跟踪性。金融机构对此情况一般认为，解决此问题需要采取保护性行动，使监管机构允许它们使用强有力的识别系统，以确保第三方运营商每次向金融机构的业务系统发送数据请求时都需要身份验证。但如果这样做，账户聚合器会要求客户每天都为每个银行账户重复性地输入授权凭证，这会使聚合器丧失对客户的吸引力。从安全方面讲，金融监管机构可以就无现金支付系统的安全性或银行账户的在线访问提出建议以作为一种回应，但最后决定是否采用这种解决方案的还是消费者自己。在现行的一般性监管规则中，金融机构有义务让聚合器服务提供商获取客户的信息，这意味着金融机构不能阻止聚合器访问客户的详细信息，最多也只能是建议客户不让第三方访问其账户。这样一个尖锐的问题就不可避免，谁为这种提供金融信息互通互联所需的金融基础设施埋单，并从顶层协调解决互联互通中的问题。这其中最关键的还是安全问题，因为共享和使用客户身份信息会增加网络攻击的概率，如果一家支付服务提供商被黑客攻击，攻击可能会涉及所有客户的金融服务，这类似洪水填充算法，可能会在短时间内呈级数增长，严重时会威胁整个金融系统。因此传统金融机构要求对金融科技初创企业实施更严格的安全监管，并对这些企业所使用的身份验证系统保持高度关注。但对金融监管机构而言，对金融科技企业过度严格的监管与相对宽松的监管理念是相悖的。

其次是平等对待和市场良性竞争的问题。世界各国的金融监管机构在协调创新和安全方面都面临着不同的困境，所有国家无一例外，但各国监管机构的反应各不相同。总体而言，我国对金融科技创新实施了更为开放和支持的监管政策，中国人民银行明确支持科技公司推动互联网金融和金融科技创新。金融监管机构的决定无论对现有企业还是创新企业之间的竞争都有着直接或间接的影响。金融监管机构需要为所有市场参与者提供一个公平竞争的环境，同时还需要培育一个创新、安全和有竞争力的金融市场。以瑞士金融市场监管局（Financial Market Supervisory Authority，FINMA）在反洗钱方面的监管规则修订为例，为了直接反映金融科技的变化，FINMA 在修订反洗钱条例中添加了互联网支付和识别程序。虽然允许进行在线认证，但 FINMA 定义了特定的阈值，一旦高于这个阈值则发出反洗钱预警，低于这个阈值则允许客户不正式标识自己的身份。这一例子充分示范了监管机构如何在不影响安全的情况下考虑金融科技的创新需求。因此，金融监管机构需要更全面地审视它们提供给市场代理人的激励措施，以及这些措施能够改变它们行为方式的程度。此外，监管机构还需要保持一套协调一致的规则，避免出现对不同的市场代理人采取不同的监管规则，因为这样必然会在金融行业内造成不良影响，使不同的市场代理人承担不同的义务，势必会阻止金融科技初创企业的出现，最终造成金融创新抑制，同时将金融科技初创企业拒之门外不仅不会有利于现有企业，还会进一步扭曲市场。监管机构可能会倾向于对现有企业进行更严格的监管，因为监管机构对现有的业务更为熟悉；而对那些金融科技初创企业则可能采取更为宽松的监管政策，因为这些新进入者所经营的活动是新的，而监管机构还没有掌握足够信息来评估这些新进入者所可能带来的金融风险。因此总的来看，金融监管机构始终面临着一项艰巨的任务，既要找到合适的平衡让现有参与者在市场竞争中生存下来，又要找到促进新进入者创新的路径。

根据现有国内外学者的研究，本书总结了如下一些基本的监管规则以供参考：①监管机构首先要对技术进步保持中立的立场，促进不同企业和组织之间的健康竞争，无论这些企业提供的是传统方法还是新技术解决方案；②监管机构要制定一套协调一致的规则，这些规则应该同时适用于所有金融企业，而不是根据企业的特点采用区别对待的办法，金融机构是否使用传统或金融科技支持的交易处理方法，不应该是监管机构对待它们业务的出发点；③监管机构的重点是保护消费者和金融体系本身，必须从消费者的利益出发采取监管行动，在不断变化的市场环境中保护好消费者，尽量避免市场产生的无法预料的风险波及消费者，同时从国家财政稳定的角度看，监管机构还应该确保金融体系运作良好。这些原则是简单明了的，但在实践中遵守这些原则也并非易事。比如，在客户身份验证方面，目前有几种不同的技术都可以简化此步骤，但每一种技术的风险都不同。完全拒绝在线身份识别将会扼杀金融创新，不仅会使解决易查明的问题变得困难，而且会阻止新的解决办法出现；相反，采用合理的规则，允许在线识别低于特定阈值的创新应用将会鼓励新的解决方案开发，最终会促使更有效的识别工具出现，降低金融欺诈的风险。这种做法有人将其形容为"让大象在钢丝上跳舞"，尽管对金融监管机构来讲，协调的难度很高，但却是符合一般监管规则的最佳做法。从目前的金融科技实践看，这种创新已经在发生作用，以信用卡授权支付为例，它有一个授权的阈值，当使用近场通信（NFC）技术读取信用卡信息时能够快速完成，且不需要客户的签名授权。在现实金融监管实践中，由于金融科技项目的高度专业化，也很难看到监管机构像对待传统金融机构一样对待金融科技创新项目。监管机构的解决方案更有可能是选择创立新的金融中介类别，对其的要求不像一般性金融服务那么严格，允许在某些特定条件下放松部分监管规则。以流动性错配为例，如果一家新兴银行没有流动性错配，那么它实际上并不具备银行的资格，在这种情况下客户面临的风险要小得多。但如果监管机构不对有关新实体的流动性错配进行说明的话，那么符合这些条件的新进入者就需要完全遵守适用于传统金融机构的规定，但这样既没有尊重金融创新，也忽视了新实体的实际经验状况。

以欧盟的金融监管为样本进行简单说明。自 2007 年以来，欧盟支付服务指令设立了非银行支付服务提供商（也就是通常所说的金融支付机构），对授权和稳定性的要求普遍较低。每当金融科技企业在支付领域开展业务时，都可能会进入监管规则领域。从整体上看，《支付服务指令 I》并不完全具备应对金融科技和金融科技企业的监管能力，但金融监管、安全和数据保护等，对消费者信任这些金融科技企业和所推出的新技术非常重要。为了适应新的金融发展趋势和促进金融科技创新，欧洲委员会开始修订 PSD I，并创建了《支付服务指令 II》。PSD II 本质上是一个立法程序，它为金融科技公司一些基于金融数据的创新服务提供了法律依据，PSD II 在法律上强制银行允许第三方进入其客户的银行账户，使这种仅对银行开放的数据访问方式开始向具有金融数据分析和交易发起能力的金融科技企业开放。在这种业务模式下，银行也被称为账户服务和支付服务提供商（ASPSP），提供这些服务的金融科技公司被称为第三方支付服务提供商（TPP），它们提供的服务包括使用客户数据（也被称为账户信息服务 AIS）以及发起交易支付（也被称为支付发起服务 PIS）。通过允许 TPP 进入由银行主导的某些金融服务市场，欧盟预计将有更多的企业在这一市场进行竞争，将会推动经济实现更大的增长，从而获取更多的金融福利，这将对金融服务的种类和价格产生积极的影响。欧盟的例子作为一个正面案例，说明了通过金融监管政策支持创新，允许向客户提供更多元化的服务和更多的选择，有助于推动经济发展。

二、金融监管科技

诚然金融科技的进步会促进金融创新，但它同时也带来了新的金融风险，监管机构的首要任务就是保护金融服务的客户和投资者，确保金融体系的稳定。就目前技术来看，监管机构主要需要关注的三个方面的风险是：①网络攻击的威胁；②与某些传统金融服务活动外包相关的风险；③大数据分析的问题。金融服务是网络攻击的主要目标，在线和移动金融服务的出现和简单、互动的技术开发，会让这些风险更容易发生。在最坏的情况下，一系列协同攻击会引发市场流动性紧缩，并威胁到某些特定机构的偿付能力。对监管机构来讲，由于缺乏用于构建现实场景的历史经验，评估这些金融科技衍生出来的新风险并不是一件简单的事情。大多数监管机构采取了务实的做法，定义出可能的攻击并测试金融机构所部署的防御机制。但问题是金融科技创新也导致了新的攻击可能性，监管机构只有具备金融科技领域的专业知识才能发挥出监管的作用。监管机构不仅要关注机构层面的大数据，还要关注商业层面的大数据，关键的目标是避免歧视个别消费群体，一般来讲监管机构需要注意三个方面：数据收集不得侵犯消费者个人隐私、风险分类不应造成市场约束、个人生活信息的使用不应成为消费歧视的工具。

某些传统金融服务活动的外包是另外一个风险来源。过去大量的金融机构在内部进行几乎全部的价值链活动，这样只有一个整体实体受到管制，但如今这种情况几乎已经被彻底改变了。对传统金融机构提供的服务而言，成本的压力正迫使金融机构将一些传统活动（如自动化交易处理）外包给外部服务提供商。对具有高技术含量的金融业务，有一种明显的趋势就是将这些活动外包给更专业、更敏捷的金融科技初创企业，金融科技企业更善于使用新技术，且由于单一业务规模较大，更容易形成边际成本优势。由于价值链从单一整体的金融机构扩展到部分受到监管的金融机构和部分不受监管的金融科技企业，这使监管机构很难预测如果危机威胁到一家金融机构的偿付能力，金融机构与其外包服务提供商之间的关系会如何演变；如果金融机构陷入困境，外包服务提供商是否会继续处理交易。所以，尽管在正常时期外包在经济上是最佳的选择，但在危机时期，外包却带来了新的协调风险。而且，处于垄断或寡头地位的服务提供商如果违约，可能造成新的系统性金融风险。外包可能引起的风险对金融科技企业的影响更大，许多金融科技初创企业普遍在核心银行系统中使用传统金融机构提供的服务，甚至使用它们的许可证，这在某些情况下有助于金融科技企业立即开始提供金融服务，并允许它们通过 CRM 方式增加价值而无须为开发自己的服务运营组件额外付费，因此这些金融市场的新进入者在大多数情况下会使用外包服务。在共享经济和虚拟经济的条件下，外包是金融科技企业的一种高效率、低成本的解决方案，并能够处理价值链中利润最低和非核心的特定活动。但对监管机构而言，外包有很多不同的后果，金融科技的创新不仅影响着传统金融机构和金融科技初创企业，也改写着历史，更重要的是监管机构要验证外包服务提供商的适应能力，并以它们进行监督。

金融科技带来的监管问题还必须用金融科技的方法解决，有一些金融科技创新能够帮助企业和监管机构更好地遵守监管规定，这些程序技术一般统称为监管科技（Regtech）。监管科技能够应用金融科技创新为实现监管法规所要求的遵从性及连带产生的复杂挑战提供解决方案。英国金融行为监管局（FCA）将监管科技描述为金融科技的一个子集，监管科技侧重于那些可能比现有技术更有效、更经济的促进监管需求交付的技术。监管科技企业对金融机构的支持目标一般有两项：①解读新法规，新法规的引入会带来一系列挑战，包括对法规的理解、单个组织的范围、实施修改或新应用资源的战略和运营规划，通常需要在较短的时间内遵守新的规定；②遵守现有法规，金融机构需要确保持续的合规行为，这可能体现在报告、审计、对治理的尊重中。

从上述目标入手，监管科技在结构上可以提供如下解决方案：合规和执行分析，重点是执行风险评估矩阵；法规遵从自动化；特定法规要求的随需应变服务文档和审核；员工业务行为监控，包括行为评估、语言和电子沟通筛查等；欺诈预防，重点是反洗钱、交易监控和欺诈检测；报告和欺诈检测，以及按需定制的合规风险报告；合规数据仓库和案例管理。也可以对这些解决方案从业务领域上进行分类，主要包括如下几个大类：①预防欺诈，这些解决方案能够实现实时监控交易，以确定财务舞弊的差距、问题和趋势，预防并降低因欺诈而造成的资金损失风险和相关成本。监管科技公司可利用分析能力，研究大量不同的数据点，以确定财务安全的潜在威胁。通过监管科技的解决方案，可以对决策是否符合法规进行实时核查，也可以帮助金融机构在运营中提高合规性。②法规自动化遵从，监管科技平台可以解释法规，解读法规更改，也能够建立统一的监管风险和控制管理框架。此外还可以利用机器人执行常规的合规监控和测试流程，智能投顾也可以使用复杂的算法为客户提供自动化建议而无须人工干预。③金融行为和文化，监管科技能够提供行为分析和行为驱动风险的解决方案，发现潜在的不当行为和公司文化，并且能够量化公司文化改革所带来的影响。④预测分析，监管科技得到的分析结果可以预测特定组织的运营和监管风险，也可以帮助监管机构找到以前违规行为的根本原因，并用这些结果来预测金融市场的潜在风险区域和破坏性事件，并采取补救措施。总的来看，监管科技解决方案最大的好处就是支持多监管环境，很多规则具有相同的数据、流程和治理结构，以往的方法往往导致金融机构付出成倍的努力和成本，但监管科技的解决方案可以让金融机构避免这种重复投入和重复性劳动，从而提高金融机构的组织效率和经济效益。

　　监管科技，对目前仍在利用人力来处理上述工作的专业组织来讲，能够将提供服务转化为提供产品。传统上，这类专业组织因为能够提供专业知识，所以它们的服务具有较强的市场竞争力，但这也有不利的一面，如果业务量增加，就必须相应地增加业务人员的数量。但是利用监管科技，这些专业组织可以利用算法驱动的自动化和数据分析的力量为它们生产所需的服务，实现在提高工作量的同时提高利润率，并为客户提供更好的服务。目前监管科技领域进行的大多数项目，都是为了提供更有效的解决办法以及预期需要遵守的条例。实际上，监管科技的理念本身也为金融机构提供了一个很好的机会，帮助监管机构从繁重而耗时的法规遵从性活动中解脱了出来。在这一方面，最具潜力的方案是使用人工智能，这不仅意味着与遵从性相关的普通监管业务的自动化，也意味着使用智能机器人或神经网络来进行目前需要专业人士参与的复杂监管活动，下面将对人工智能在监管科技中的应用进行单独说明。

三、人工智能及在金融领域的应用

　　人工智能及其目前最主要的分支领域机器学习，引起了越来越多的研究者关注。为了理解这些技术对金融监管的影响，需要对这些技术进行深入了解，特别是要研究其如何参与金融监管科技及存在的优缺点。

（一）人工智能和机器学习

　　目前学界对"人工智能"和"机器学习"尚无统一的定义，其定义在不同文献中仍存有分歧。一般而言，人工智能应具有以下特征：①能够执行通常需要人类智能才能完成的任务，比如视觉感知、语音识别、语言翻译和决策等；②需要完备的理论和计算机系统开发。实现人工智能最早提出的方法是"专家系统"，这种方法在20世纪80年代最为流行，通过利用人类专家的知识和经验建立数据库，然后应用数据库来提供建议或做出决策。但是随着问题复杂性的增加，这一系统受到的关注逐渐减少。目前实现人工智能的主流方法是机器学习，即让计算机直接从数据中学习。Alpaydin（2009）将机器学习定义为"不需要明确编程，用数据或以往的经验，就能让计算机具有学习的能力，以此优化计算机程序的性能标准"。随着计算速度、分析算法和可用数据等方面的发展，机器学习已经能够重组已有的知识并不断改善自身性能。机器学习具有十分广泛的用途，常用领域主要有：数值预测、对象分类、证券分析、数据挖掘、检测信用卡欺诈等。

根据要解决的问题和可用的资源，机器学习通常会使用各种不同的运算方法，常用的有线性回归、逻辑回归、决策树、随机森林等。这些方法存在一个潜在的问题，即需要事先对数据结构作出假设，但在某些情况下这些假设可能并不近似，甚至是不相关的。为了解决这些问题，一些研究者提出了基于人脑工作机制的方法，让机器能够自主学习，一般统称为"深度学习"，它是机器学习的一个子领域。因受人类大脑结构和功能的启发，也称为人工神经网络，通过对已知正确结果的真实数据进行训练学习，包括调整节点权重和系统阈值，以提高人工智能的预测准确度，常用于复杂结构和大样本高维数据分析。机器学习从已知数据中学习的方式通常有三种：监督学习、非监督学习和强化学习。监督学习主要是通过标记输入数据以提高机器学习输出准确性，常用于对象分类和数值预测；非监督学习通常对输入数据不进行标记，常用的方法是聚类，以从数据中寻求未知的模式或结构；强化学习是对机器学习获得正确结论给予"奖励"，常用于决策。

将人工智能应用于金融系统和金融监管科技，需要让大多数金融工作者了解人工智能的优缺点。与统计学相同，人工智能也是以数据为基础，但不同的是，统计出现在计算机之前，主要进行的是低维数据中的统计推断，包括置信区间、假设检验、最优估计等；人工智能起源于计算机科学，主要解决的是高维数据预测问题。统计学强调的是假设检验，人工智能强调的是数据预测，因此相对而言，二者各有优缺点。经济学一般是从理论得出经验性假设，并利用实证得到的统计数据进行检验。人工智能（主要是机器学习）的重点是解决预测问题，经常采用非理论的方法进行分析。因此，人工智能能够发现理论尚未识别出的关系，但其识别出的关系并非因果关系，因而不能直接使用。为解决这一问题，目前常用的一种方法是在小规模真实数据的基础上采用迭代试验法，从而确定哪些关系是因果关系，再加以有效利用。此外，由于机器学习目前主要依赖于深度学习，虽然深度学习能够提供预测结果，但并不能明确给出变量和预测结果之间所蕴含的因果关系。对于金融和金融监管而言，人工智能具有以下显而易见的优点：①它能够处理海量的多维数据，识别出容易被忽略的经验关系；②数据处理和监管标准具备一致性；③在实际的大规模运营中，边际成本较低。但人工智能不能代替人类智能，在金融领域的应用过程中，人工智能有两个大的限制：一是人工智能需要较多的历史数据才能进行经验分析，少量数据无法进行预测；二是为了预测需要解决的问题，需要在输入数据中事先对该问题进行标记。在某些情况下，采用非监督学习能够消除这些限制，比如一组包含有信用卡欺诈数据的数据，可以用人工智能识别出具有独特特征的数据组，但即使这样，仍需要人工去进一步检验分析。

（二）人工智能在金融领域的应用

尽管人工智能的应用刚开始起步，金融领域尤其是商业银行，正在以各种方式探索人工智能的可能用途，目前主要关注的是金融服务和金融监管。

人工智能在金融服务方面的应用已经有较为成功的经验，比如在线客服机器人和信用卡欺诈检测等。从人工智能和机器学习目前的发展看，最有可能从中获益的是信用风险量化。如果银行通过人工智能识别出目前支付的信贷风险溢价高于合理水平的客户，那么就可以向这些客户提供更低价格的贷款，从而扩大市场份额。反之，当那些信用风险被低估的客户被人工智能识别出后，可以通过提高贷款利率或拒绝他们的贷款请求，来减少潜在的风险和损失。利用人工智能进行信贷风险量化评估也有其自身的限制，如果用于机器学习的数据范围不能代表全部客户类型，就会导致识别错误率上升；如果高风险客户在了解模型的工作机理后，故意模仿低风险客户的行为，会造成误判。这两个问题都比较容易解决，在贷款发放后，通过人工仔细监测，能够在一定程度上缓解这些问题。

人工智能在金融服务方面的另一个主要用途是制定投资战略和自动下单策略，这一类的算法交易也是当前金融系统交易的主要组成部分，比如摩根大通银行和贝莱德资产管理公司，都主要依靠人工智能挑选股票和执行交易。目前最大的担忧是人工智能可能会导致错误交易，墨菲定律关于技术的推论也提道，"当涉及计算机时，任何困难出错的地方都会更快、更大地出错"。另外一个担忧是，人工智能的算法是否会对资产价格走势过于敏感，从而产生高度的相关性，在

"羊群效应"下造成股市的过度波动或人为增加顺周期性。

在金融监管实践中，监督和监管经常互换使用，但二者在一定条件下存在差异，这种差异在应用人工智能的过程中需要注意。监管是制定合法合规行为规则的正式流程，通常需要制定一套总目标和实现这些目标的具体政策工具，然后编写更详细的规则文件，指明符合监管要求的合规行为范围。监督则是对监管规则的执行过程，通常采用现场外数据分析和现场检查相结合的方法，评估金融机构对法规的遵守情况。由于现实情况的复杂性，确认金融机构是否合规并不简单，特别是在某些情况下，合规和不合规之间的界限相当模糊。这些差异在利用人工智能推动金融监管发展的过程中需要加以注意。

金融机构的经营必须满足合规性要求，为了提高遵守监管要求的准确性和有效性，同时控制和降低成本，人工智能还被应用于金融监管科技。在此方面，美国的银行业较为领先，为了达到《全面资本分析和审查》的监管要求，银行首先需要向监管机构证明，即使在面临压力的情况下，仍有充足的资本金，还需要证明自身具有前瞻性的资本规划计划。比如，花旗银行利用人工智能改进了其内部模型，并达到了监管所要求的合规性条件。在我国，人民银行反洗钱监测分析中心也在积极探索人工智能的运用，特别是对高频交易和量化交易等情况下发生的不合规交易进行反洗钱监控活动。人工智能在金融监管方面的另一个应用是监测金融交易和市场滥用行为，2018年全球由于银行的不当行为而产生的损失超过了2500亿美元，对此银行的做法是开发人工智能系统以监控交易员的交易行为（包括交易模式、邮件交流、日历行程等信息）。但由于缺少用于监督学习的标记数据，需要人工审核无误后才能使用人工智能给出经验性结论。

四、人工智能推动金融监管发展的路径

长期以来，利用统计学分析金融机构的财务数据来发现其合规性问题，已被证明是实用且有效的。人工智能同样是基于财务数据帮助金融监管者识别需要进一步分析的问题，监管者可以根据相关知识评估人工智能所生成的结果。比如，通过人工智能帮助监管机构进行早期预警，能够更早地识别出那些可能陷入困境或有倒闭风险的金融机构，从而提前采取预防措施，也可以将更多监管资源分配给有可能从中获益的金融机构。人工智能与传统的标准统计分析相比，在监管有效性方面可以不受两个限制：一是传统统计分析在将分类数据转换为离散数据方面有局限，人工智能则不受此限制，可直接应用自然语言进行处理。二是几乎所有的统计分析都来自对理论经验的假设性检验，理论中已知变量的限制，导致分析过程中可能忽略这些存在关系的变量，从而使预测结果不准确；而人工智能能够基于输入的全部已知数据，识别出全部能够挖掘的关系，而无论该关系是否被理论所揭示。在人工智能特别是机器学习的识别过程中，监督学习和非监督学习各有所长。监督学习有助于识别金融机构潜在的违规行为；非监督学习有助于对观察结果进行聚类分析，从而进一步分析单独的组或者与其他组异常的观测值。比如，美国证券交易委员会借助人工智能对上市公司的财务报表和公告进行分析，以识别各种违反披露规则的行为，为人工进一步调查做好了准备工作。

人工智能与传统的统计分析相比，具有更多的应用场景，但人工智能的非理论底层特征给人工智能算法的规则制定带来了很大的限制。人工智能和统计分析一样，最终的预测结果都十分依赖可用的数据。人工智能采用非理论分析的潜在好处是，它能够将较少的结构强加于实证分析，实现"让数据自己说话"的目的。人工智能这种发现隐藏关系的能力，对更好地理解金融市场和实现高水平金融监管有很大的帮助。在监督学习模式中，人工智能不仅能够识别出原有理论上的因果关系与新变量之间的关系，还能够更好地理解包括阈值效应在内的非线性关系，以及变量之间用统计分析未曾识别出的相互作用关系。无监督学习有利于识别出看似不同的金融机构之间的共性，并突出有异常行为的金融机构，这无疑是有利于金融监管的。

尽管人工智能实现了"让数据自己说话"，但也存在一定的缺陷，它所识别出的变量之间的相关性并不一定是理论上的因果关系。这对于金融监管而言，如果要将这种相关性编入合规性要求中，就必须考虑到由于非因果关系而产生的盲目性，以及对金融机构可能造成的错误约束，这会产生高昂的社会成本，且不利于实现金融监管的基本政策目标。特别是对于我国庞大的金融市场来讲，一旦一项监管规则被正式写入政策中，重新修改所需的法定流程和时间成本都是难以计量的。由于在制定监管政策的过程中，较少考虑政策在不久的将来即被重新审查或重新制定，在应用人工智能识别出的相关性结果时还需要慎重。

数据是人工智能推动金融监管发展的基础，在数据很少或没有数据的情况下，人工智能只能提供有限的帮助。目前限制人工智能应用和监管科技进步最主要的因素，就是可用的数据还较为有限。金融监管的主要目标是维护金融系统的稳定和防止由于单个大型金融机构倒闭而造成的重大损失。从长期来看，大规模金融动荡或单个大型金融机构严重亏损都是很少发生的，但这也意味着，用于金融监管分析的大部分数据都是来自金融系统正常时期的数据，金融体系和金融机构并没有实际承受压力。尽管利用人工智能能够帮助识别出那些对预测损失有用的变量，但为了降低预测结果的不稳定性，需要补充一些理论或统计参数的结构，以将正常时期获得的数据与可能影响金融监管目标的核心变量关联起来。以对金融机构的资本监管为例，国际公认的《巴塞尔资本协议》中规定了最低资本要求，目的是确保股权资本保持在90%以上。该协议在压力测试中，明确要求银行不仅要有足够的资本保持偿还能力，而且要求银行在经济陷入衰退时仍有继续放贷的能力。这两种衡量资本充足率的方法，都要求监管机构要在对银行数据所知了解相对较少的情况下，对可能发生的损失进行预测。因此在上述情况下，无论是监管者还是被监管者，都依赖于有关损失分布的理论，以将正常时期的可用数据与可能发生损失的预期数据结合起来，而后者往往是缺乏相关经验和数据的。毫无疑问，人工智能能够很好地分析正常时期的大量数据，但是未来极端情况下的损失预测，还需要增加与之相关的多理论或统计参数结构，而不是仅仅增加正常时期的数据或改进人工智能的预测算法，这就需要人类智能的深度参与。

　　在制定金融监管政策的过程中，还必须对政策进行评估，不仅要评估该项政策本身，还需要考虑新政策出现对原有政策的影响。金融监管的基本目的是，通过合法可接受的规则对金融机构施加必要约束，限制可能会出现的不当行为。金融机构面对新的监管政策，必然会重新优化自身的经验行为，在此过程中，不仅会产生和监管机构预期相符合的行为，也有可能产生非预期行为。这些行为的出现不仅会影响金融新系统的稳定，也会对监管政策的有效性提出挑战，甚至影响其他方面监管政策的执行。利用人工智能可以帮助监管机构更好地了解金融机构在当前状态下的经验行为，预测其对政策变化的反应，并识别出可能会发生的意外后果，从而更好地评估新的监管政策。但需要注意的是，人工智能在评估新的监管政策时所用的数据，仍然来自原有政策下的市场结构，最终结果仍需要人工进行审核评估。

由于人工智能在智能金融监管中的预测能力，受限于分析数据中所含的信息，因此数据的数量、质量和多样性是人工智能（尤其是机器学习）能够准确预测的重要决定因素。对于金融机构而言，获取的数据越多，依赖人工智能的客户获取计划和风险管理计划等也能够执行得更好，且越容易形成规模效益。事实上，目前在人工智能方面处于领先地位的金融机构，正将其所拥有的数据作为形成竞争优势的一个重要来源。拥有更多的数据，提供更好的人工智能支持的金融产品，形成更大的竞争优势，占有更高的市场份额，最终可能会给金融服务和金融监管带来巨大的结构性影响，有可能使一些大型金融机构"大到不能倒"的问题变得更加严重。在某种程度上，大型金融机构对数据的囤积会累积形成一种新的市场垄断优势。对金融监管而言，限制这种垄断的一种方法是降低大型金融机构对数据的独占程度；另外一种方法是，让客户拥有各自的数据，并自愿选择共享对象，这也是欧盟在《支付系统指令Ⅱ》中所采取的做法。相对于之前的技术变革，人工智能几乎能够触及所有经济领域，必将对金融系统运转的经济社会环境产生重大的影响。

五、本章小结

总体而言，尽管目前的金融管制方法受到政治经济和协调费用的双重制约，实现结构性变革较为困难，但金融科技创新对金融监管造成了深刻的影响，使金融监管机构和金融科技企业都面临着重大的挑战。迄今为止，传统金融机构对此的回应是与金融科技企业进行合作，而不是寻求收购，金融数字化转型本身也为金融机构提供了巨大的增长潜力。因此，必要的监管和监管科技创新，不但会促进金融科技创新，而且会提供金融系统所必需的稳定性，并满足消费者的期望和保护消费者权益，减少不必要的风险，实现金融市场的健康发展。

大力发展人工智能是我国当前重要的战略部署，中央和地方都出台了大量激励政策和措施，为人工智能的发展提供了重要的政策红利和制度供给，大量资本流入人工智能领域，市场规模也随之扩大，为利用人工智能推动金融监管的科学发展提供了重要的基础条件和有利的外部环境。就人工智能当前的产业形势而言，由于政策红利不断，人工智能已成为市场投融资的新"风口"，产业发展环境比较浮躁，不仅地方政府竞争存在同质化、碎片化风险，金融机构竞争中同样存在类似的现象，热衷于炒概念，人工智能创新产品扎堆，这为人工智能在金融系统的发展中带来了很大的不确定性，也给金融监管带来了很大风险。因此，金融监管应用人工智能的过程中，对目前"重应用、轻基础"的结构不平衡问题必须有充分的认识，要充分重视人才培育、技术标准和数据标准。

　　人工智能的迅速发展和应用，有可能改变金融系统的许多方面，必将对市场的金融行为以及审慎监管产生重大的影响。人工智能提升了金融数据收集与风险控制的能力，降低了金融机构的运行成本和经营风险，也降低了整个金融系统的监管成本，为我国金融行业健康发展提供了新的路径。人工智能在帮助监管机构识别金融机构潜在的违规行为方面具有很强的应用价值，也可以帮助监管机构更好地预测监管政策变化对金融市场的影响。人工智能对金融系统的变革效应是全面的，由此产生的金融创新也会增加金融监管的难度，人工智能与金融创新将长期处于动态博弈状态。特别是人工智能深度参与金融创新后，使监管对象更为复杂、责任主体更难确认、违法行为更难判定，这些都为金融监管带来了新的挑战。此外，还需要深刻地认识到，尽管人工智能能实现"让数据自己说话"，但人工智能并不是万能的，它也有其自身的缺点，需要与传统监管手段有机结合。监管机构需要增加对金融机构在人工智能研发和使用过程中的监管，保证人工智能在有效监管的框架下发展，预防次生风险的发生。总的来讲，人工智能目前还处于发展的初期，随着研究的不断深入，人工智能将会开启新的一轮技术长波周期，对经济、社会和人们的生活方式产生深远的影响。面对这一历史机遇，金融监管机构应积极布局，通过人工智能推动金融监管的质量变革、动力变革和效率变革，实现金融监管科技和模式的跨越式提升。

第十章　保险科技和商业模式创新

在金融科技的创新推动下，保险业与商业银行一样也正处于变革的阵痛期，现有的保险公司不仅面临着像亚马逊、支付宝等科技巨头的威胁，还面临着来自灵活的初创企业的威胁，这些基于金融科技的初创企业利用技术的力量，不断通过创新获得市场份额。这种利用现有保险模式提供承保、风险分担、理赔管理和节省成本的技术，一般被称为"保险技术"（Insurtech）。本章将从传统保险公司的业务过程及其所面临的挑战开始，讨论保险技术的未来发展，然后在数据范式、人工智能（AI）和区块链技术的基础上进一步讨论这些发展。

金融科技企业正在重塑金融服务业，并在前瞻性的战略和前沿的商业模式支持下，为市场提供创新的价值主张。保险科技作为金融科技的一个特定分支，保险科技企业也正在通过技术手段重新思考保险价值链，实事求是地讲，结果可能并不令人满意，尽管保险科技颠覆传统保险业的时机已经成熟。根据普华永道对保险公司高管的调查，超过90%的保险业高管认为在未来五年内，他们至少会有一部分业务面临被保险科技颠覆的风险，这一比例超过了任何其他金融领域。本章将要讨论的另一个重点是保险科技在保险业务中的应用，以及对如何克服目前所面临挑战提出本书的一些建议。此外，本章还要说明的是银行和保险不是完全不同的、可以严格分割的，这种二分法对银行和保险是不适用的，银行和保险在产品、流程、组织和商业模式等多个方面正在相互影响和渗透，相信这种情形在未来保险科技的推动下会更多地发生，其中银行保险就是一个典型例子。

一、保险业的大数据范式

从投保人到保险人的风险转移过程，保险公司将类似的风险分成同质群体，并从收取的保费中支付投保人的索赔，甚至在一些个别情况下需要用自己的准备金支付。这种风险共担机制的结果是，出现大规模系统性风险的可能性变得较低，极端支出的可能性也相应较低。举例来讲，一般航班飞机的延误率是 10%，假设发生航班延误的成本为 100 元，10 个人在各自独立乘坐的航班上共同承担风险，那么这 10 个人所乘坐的航班全部延误，每人均支付 100 元的可能性就降低到 0.00000001%。仍以这个典型的例子为基础，保险公司对投保航班延误险的乘客每人收取 10 元的保费，以处理索赔和突发事件、管理成本和保证合理利润。保险公司在被投保人要求提供保险时，首先要进行承保评估，也就是评估是否应该承担风险，以及如果可以承担风险那么以什么价格去承担此风险；其次在接到投保人的索赔通知时，启动索赔管理程序。保险公司面临的挑战主要有两个："逆向选择"和"道德风险"，前者通常是信息不对称的结果，尽管投保人的个人资料风险更高，但最终仍被集中定价到一个特定的风险群体中；后者是指投保人在获得保险后改变了行为态度，比如在投保财产险后明知有被盗窃风险但不锁门。在这种情况下，保险公司可能没有在定价风险时使用特定的信息，或者是这些信息被刻意隐瞒。本章将重点讨论如何通过保险技术使保险公司能够进行公平、准确的定价，并通过控制或温和的提示帮助保险公司降低投保人道德风险。

鉴于保险公司所面对的投保人群体规模和相对应的数据规模过大，本章首先从保险大数据入手进行分析。在当今世界数据成为一种不可或缺的商品，促使行业将其传统业务流程和价值链转变为由数据驱动的流程和价值链。在保险行业，人们通过观察保险的历史模型如何纳入各种异构（半结构化或非结构化）数据源（如传感器或互联网社交媒体）为这种不断增长的数据流做了大量的准备，从而使模型变得更加适应大数据及衍生的现象。这些大数据通常具有五个维度（5V）：数据的体积（Volume），表示数据的多少；数据流的速度（Velocity），表示数据有多快；数据的多样性（Variety），表示数据有多少不同的种类；数据的准确性（Veracity），表示数据的真实程度和可信度；数据的价值（Value），表示数据能够提供的作用。大数据技术的发展和扩散，使保险技术企业和更具前瞻性的老牌保险公司能够利用独特的销售策略形成相对于其他市场参与者的竞争优势。到目前为止，大数据对保险业影响最大的有三个不同的领域，它们分别是：远程信息技术、可穿戴设备和物联网。

保险的一个关键因素就是通过对保险产品进行合理定价，确保收取足够的保费。以汽车保险为例，保险公司长期以来通过司机的年龄、性别、地区、车型和索赔历史记录等评级因素，为投保人提出与事故相关的索赔风险代理，其中最基本的前提假设是，这些评级因素可以预测索赔的可能性。比如，一个年轻的司机开着一辆跑车，那么他发生交通事故和索赔的可能性比一个开着轿车的中年司机更高，因此对年轻司机的保险定价也就需要相应地提高。但从某种实际意义上讲，这种定价机制是有问题的，就驾驶能力而言，不管他们的车型和年龄状况如何，一些年轻司机的驾驶风险实际上可能要低得多。这种错误的定价机制可能会导致低风险人群从保险池中转移到其他地方寻求保险服务，最终导致所谓的"广告选择螺旋"。远程信息技术（Telematics）试图通过使用车载技术来监控和评估每位驾驶人员的驾驶行为来克服这一问题，从而将保险从集中定价模型转移到更具体的个人定价模型，并对潜在的驾驶风险进行更密切的监控。远程信息技术设备（俗称"黑匣子"）可以获取不同的驾驶指标数据，如位置、时间、里程、驾驶频率、危险路段的驾驶行为、速度、加速度和刹车习惯等。一般认为，利用这些指标可以构建一个更精确和个性化的定价模型，最终允许投保人摆脱他们的群体特征（如性别和年龄等）来证明自己的价值，驾驶习惯良好的司机发生交通事故的可能性更低，因此索赔的概率也就更小，因此可以缴纳更少的保费。这同时也意味着并非所有投保人都一定可以从中受益，对于那些驾驶习惯不佳、更容易出交通事故的投保人，定价准确可能会导致个人因定价过高而被挤出保险市场，因为过去群体定价模型为他们的保费提供了隐形的补贴，而现在的定价模型在个性化以后自然去除了这种隐形的补贴。

可穿戴设备目前主要是各种腕带产品（如 Apple Watch 和各种运动手环等），此外还有谷歌眼镜（Google Glasses）等。这项技术目前正从嵌入设备（如医疗技术）等各种传感器转移到珠宝、服饰和鞋子等日常时尚产品中，并产生了大量的数据。这些设备随着技术的成熟和普及，价格也越来越便宜。由于远程信息技术的普及，保险公司可以利用不断激增的数据改进定价模型。潜在的可穿戴设备生物测量信息通常包括：体育活动（如步数、运动时间、静坐时间等）、心血管测量数据（如心率、心率变异性、心电图、血压等）、睡眠数据（睡眠时间和质量）、体温、皮肤电反应、血糖，甚至是污染物暴露等。因此，对可穿戴设备数据感兴趣的保险公司主要是长期医疗保险公司，而人寿保险公司的兴趣则相对较小。与远程信息技术相类似，可穿戴设备为保险公司提供了一种新的手段，使其能够确定或更准确地评估被保险的投保人的真实潜在风险。可穿戴设备对保险业的帮助，可能已经超越了对当前发病率和死亡率模型的改进。这意味着保险公司可以提高和改进营销策略以减少客户的流失，并通过更多的接触和接触点（比如定期保费折扣等）提醒客户注意健康问题，甚至可能会激励客户的健康行为改变，从而减少投保人的道德风险。但也需要看到，尽管保险公司在这一领域的机遇很好，但在保险领域可穿戴设备的技术创新成为主流之前，仍有很多问题和因素需要考虑和克服，其中最主要的问题就是定价模型的准确性和设备自身的可靠性。

物联网是由嵌入式传感器和连接性的物理设备组成的网络，它允许数据的传输和通信，其应用范围已经从智能家居设备（如烟雾报警器、冰箱、空调、家用监控探头等）延伸到环境监测（如检测空气和水的质量）。物联网在市场上已经形成了空前的渗透范围。调查数据显示，到 2020 年全球物联网将可能形成一个价值 7.1 万亿美元的庞大市场，其中包括的对象将达到 300 亿个。与远程信息技术和可穿戴设备一样，物联网也为保险行业提供了大量的新数据来源。仍以财产险投保人为例，对那些使用基于传感器门窗等物联网设备的人，保险公司可以给予特殊的保费折扣以进行鼓励。智能家居设备可以让保险公司在风险管理方面更加主动，因此使用这些数据的机会已经超过了定价权本身。传统的保险模式在理赔之前对投保人基本是零干预的，但来自智能家居等物联网设备的传感器数据为保险公司和投保人之间的新型客户互动打开了一扇新的窗户，比如可以使用来自水压的传感器数据在发生投保财物受到重大损坏之前向投保人发出水管泄漏问题的预警。

在获得的各种大数据中，准确性是大数据的主要维度之一。虽然过去存在数据是从多个异构数据源获取的问题，但如今在大数据范式下，数据的准确性成为一个更加紧迫的问题。由于数据不一致或者因为故意欺骗而造成的数据不确定，在数据分析中会出现数据的混淆，这不但会阻碍未来对数据的准确分析和正确理解，而且可能会导致潜在的保险欺诈。从多个数据源收集数据的第二个问题是客户因素问题，个人数据可能是由多个异构数据源所生成或收集的，比如来自移动设备的 GPS 定位和来自互联网社交网络的信息。从伦理上讲，包括保险公司在内的所有数据拥有者在将这些数据用于分析目的之前，都应该征得客户的同意。在欧洲拥有客户的企业，还必须遵守关注个人隐私保护的《一般数据保护条例》（*General Data Protection Regulation*，GDPR）。如何解决在数据驱动的过程中使用个人数据的问题，以及如何利用社会信用计划在承保过程中根据这些问题创建信用评分，对保险公司而言极为重要。

二、人工智能与分布式账本技术

随着大数据范式在保险科技创新和保险公司营销中的深入使用，保险公司已经开始采用人工智能技术从庞大的原始数据中获取有用的信息，特别是深度学习、神经网络和自然语言处理等技术帮助保险公司改善了运营状况，同时也提高了客户的满意度。对保险行业的未来而言，很有可能随着时间的推移，所有保险承销商都将使用机器学习和人工智能作为其承保决策背后的主导技术，基于大数据处理技术和人工智能算法的工作流程能够使保险承销商处理和理解比传统流程多得多的数据，并提供比传统方式更准确的承保预测评估结果。根据新的更有力和更准确的预测模型，保险承销商就有可能获得更充足的保费，从而帮助承销商降低损失率。以汽车保险为例，汽车保险通常都是按保险合同中预先确定的数额收取保费，一般以一个年度即 12 个月为收费时长，这是一种自助餐式的定价方法，无论投保人个人风险高低都需要支付相同的金额。但可以设想，如果通过远程信息技术设备进行精准定价，这种方式就完全不适用了，这正如上一小节所述的一样。远程信息设备能够使投保车辆和保险公司的中央管理系统之间实现数据的实时同步和更新，这意味着在人工智能技术的帮助下，保险公司可以开发出一种自适应的连续定价系统，而不用再采用传统的一次性年度付费方式。

再以人寿保险为例，传统的人寿保险承保是由保险承销商向投保人提出一系列特定的问题来预测投保人的生活事件。美国一家保险科技初创企业 Lapetus Solutions 另辟蹊径，与人寿保险公司合作开发出了一套人工智能系统，该系统利用面部分析技术提供报价，它包括了感官分析和动态提问，客户只需发送一张自画像（也就是自拍）即可收到报价。利用投保人提供的自拍图像，这项新的保险技术能够检查投保人的身体特征，并确定其健康状况、易患疾病和预测寿命。该系统的面部分析技术能够检测投保人提供的自拍照片中面部的多个不同区域，从而能够为保险承销商提供有关体重指数（BMI）、估计实际年龄和吸烟迹象等数据。此外，该系统还科学地定制了一系列具体的问题，这些问题取决于投保人所提供的答案。利用该系统能够为保险承销商提供更有洞察力的分析结果和对投保人预测寿命的准确估计，而不是像通过询问标准问题得出结果的人寿保险建议书那样，并且该系统具有很快的处理速度，整个过程只需几分钟就可以完成。不仅人寿保险开始使用人工智能，健康保险和意外保险中也开始使用人工智能。利用人工智能的植入传感器和可穿戴设备等创新技术，能够为保险公司提供有关被保险人健康状况的宝贵数据。这种人工智能技术还能够为客户提供个性化的健康建议，教育他们选择良好的生活方式，这些不仅有助于改善客户的身体健康和生活质量，最终也会降低保险公司和投保人的共同成本。

人工智能还接管了与保险索赔相关的管理工作。日本人寿保险公司采用了一个人工智能管理系统，该系统取代了一个由 30 名员工组成的团队并负责为投保人计算赔付金额。从表面看，人工智能似乎在提高保险业务流程效率的同时也造成了一部分人的失业，但事实上并不完全是这样，人工智能对就业的影响也不是这样消极，人工智能所取代的更多是单调乏味的索赔业务，保险业务的发展需要原本的索赔处理人员去处理更具有挑战性的索赔管理工作。财产保险领域的保险科技初创企业 Lemonade 开发了一种自动索赔流程，使索赔管理变得相对容易很多。该流程通过智能手机上的应用程序向投保人询问一些一般性的问题以收集索赔的基本信息，在此过程中被保险人不需要像传统方式一样填写索赔表格，只需通过智能手机的摄像头就可以提供索赔摘要，比如被损坏的财物等。在获得这些数据后，人工智能系统对被保险人所提供的数据进行分析，并运行 18 种反欺诈算法，在非复杂情况下的索赔通常在几秒钟内就可以得到批准，在复杂情况下的索赔则会进一步移交给索赔部门的员工进行人工处理。实际上，在复杂情况下的索赔使用人工智能也可以减轻人工处理的工作强度，比如利用无人机可以对重大财产损失进行航拍记录，进一步通过图像分析来量化财产损失的程度。

人工智能还可以用于反保险欺诈方面的工作。根据欧洲保险协会在2013年发布的调查报告，欺诈占欧洲所有保险索赔的10%。越来越多的保险公司开始选择人工智能来调查某些不诚实的投保人的行为模式，而不是单纯依靠有经验的人来发现保险中的欺诈行为。澳大利亚一家保险科技公司开发了一套人工智能欺诈调查系统，以帮助保险公司发现欺诈索赔并提供数据分析支持。这种人工智能技术不仅能帮助索赔处理人员防止欺诈，同时也降低了保险公司的管理成本；此外，该系统还可以调查投保人的互联网社交媒体记录、犯罪记录、财产和车辆历史记录，以及其他与索赔一起提交的文件，能够使索赔管理部门有更多的时间分析数据结果和进行后续理赔工作。一些类似的人工智能服务如 ThreatMetrix，它能够使保险公司在承保阶段就淘汰可能存在欺诈行为的投保人。

在客户服务方面，一般都认为保险业是做得比较差的行业，尽管行业总体情况如此，一些保险公司还是开始利用人工智能取得了一些进步，借鉴其他行业也在日常运营中引入了聊天机器人。聊天机器人本质上是一种人工智能系统，通常与微信、Facebook Messenger 等消息类应用程序相连接，其主要目的是与现有的潜在客户进行日常交互，进而充当虚拟的客户服务代表。聊天机器人通过与潜在客户进行交互，会根据客户的需求确定最合适的保险产品，并使用自然语言回答客户的询问或者推荐产品给客户。总体来看，拥有由人工智能驱动的聊天机器人可以使保险公司与潜在客户之间形成数字互动，并且这种数字互动比传统客服人员与客户之间的互动更简单、快捷。近年来，保险中介机构也可以使用聊天机器人，比如通过消息传递应用程序为客户提供实时保险报价，以供客户比较。这类机器人还能够为客户提供最符合他们需求的保险产品建议，减少了传统业务流程中因工作人员业务知识缺乏或私心等造成的客户反馈不佳等问题。

保险科技与分布式账本技术的结合为保险业的颠覆性创新和发展提供了新的机会。分布式账本技术能够为保险业创建一种竞争形式的对等保险网络，从而使保险公司在该过程中不断获得收益。分布式账本技术在本质上改变的是验证过程，不仅包括本书之前所述的验证交易（如加密货币等），也包括验证身份和智能合约。分布式账本技术对保险的影响主要是在四个领域：身份、时间、可见和相互关系。利用分布式账本技术可以通过身份验证改进承保流程并进一步了解客户对保险公司的要求，这对于经过一系列更改的产品、个人信息或数据特别有用。同时，身份识别验证的改进还可以限制投保人对同一事件的多次索赔，比如在航班延误的情况下，投保人不能为同一次延误进行两次索赔。也可以考虑另外一个场景，当投保人的健康和财务数据通过分布式账本技术共享后，在投保人许可的情况下，保险公司就不需要从头开始填写表格就可以为投保人提供健康保险。此外，根据这些个人数据创建的模型，可以与其他外部数据（比如来自保险公司提供的投保人个人可穿戴设备的数据）一起进行分析，实现实时的定价调整和保险覆盖范围调整，从而缩短保险产品的更新周期。由于记录在分布式账本中的交易数据不能被删除或更改，这也会改变人们对长期保险合同的普遍看法。目前的保险业务模式是按国家、市场和地区发展而确定的，实质上是一种本地化业务模式；分布式账本技术则不同，它是分布在计算机网络上的，因此它可以增加全球保险覆盖的范围和空间。以农业保险为例，分布式账本技术在新兴市场的小额保险中特别有用，任何此类保险都可以实现自动化理赔，索赔和理赔的依据都是根据气候条件自动执行的，不再需要进行实地评估。分布式账本技术在索赔管理中并不只是局限于复杂的保险实践，基于分布式账本技术的智能合约可以在投保人提出机动车损害索赔后，立即根据约定的条件付款或交付零件。

在分布式账本技术支持下，保险业务空间的缩小可能会导致 P2P 保险的产生，使保险公司和投保人之间的关系发生重大变化，甚至可能会导致某些特定险种在保险业内的重塑，就像 AirBnB、滴滴、Uber 等对各自行业的颠覆性创新一样。在 P2P 保险中，一些保险的功能会更像是保护和赔偿俱乐部（P&I 俱乐部）而不是一种相互承保的关系。以航班延误为例，一个由 10 个人组成的团体，每人花费 10 元可以建立一个共同保险，在 P&I 俱乐部形式中，每人只需要每年支付一定的金额并同意在资金不足的情况下按约定增加补充资金就可以按流程加入。如果每次索赔的金额是 100 元，一年内有两个人提出索赔，那么索赔成本是 200 元，每个俱乐部成员都需要再额外支付 10 元，但如果一年内没有人提出索赔，那么所有俱乐部成员都将分享这 100 元，这也就是意味着这一年是无须承担保费的，这与传统保险的业务模式有很大的不同。还可以设想很多类似 P2P 保险的保险，通过分布式账本技术加上再保险，可以防止总保费不能涵盖索赔的情况，这就能够取代如果准备金不足以支付索赔金额时需要增加资金的传统业务处理方法。

三、保险科技的影响

在大多数情况下，保险公司每年都会拨出一部分预算用于技术投资，其中两个重要的问题是应该投资于哪些技术以及投资多少是合适的。没有任何一种规则是万能的，每家公司在每个时间段都有自己的特点，因此这两个问题有助于保险公司理解自身业务和组织所处的环境特性。一般而言，一定程度的不确定性会改变保险公司的行为及结果，数学模型通常能够包含反映这些不确定性影响结果的外生参数，尽管这些外生参数的有效性并不能总是得到保证，但对保险公司特别是保险科技公司而言，这使它们能够实现对外部环境的有限控制。根据最近的发展情况来看，控制外部环境具备两个明显的技术内涵：①加深了保险公司对保险科技改变保险业的各种因素的理解；②更好地理解了保险公司能够依赖的保险科技杠杆。实事求是地说，与整个金融服务行业相比，保险业可能在数字化成熟度上要普遍落后两年到五年。抛开单纯的技术问题，分析客户的期望和需求的变化以及保险科技能够满足需求的程度对保险业的发展也是有帮助的。

从大金融的角度来看，客户已经彻底改变了他们与金融机构之间关系本质的看法，因此金融机构不应该也不可能再保持其头寸不变去应对客户的变化，所有金融机构都应该不断朝前看，预测客户的变化和竞争对手的变化。尽管实现这个目标并不容易，但也只有如此才能够让金融机构理解客户为什么会发生变化以及如何利用客户的变化，才可能找到更有效的方法来增强金融机构与客户之间的互动效果，以及建立基于彼此之间互信的客户关系。因此，在保险业务计划的范围以内，保险科技应该考虑如何向客户交付个性化的价值主张，以及如何帮助保险公司交付个性化的服务，其中的几种关键技术上文已经进行了说明。一个简单的例子就是如运动手环这样的可穿戴设备，通过跟踪和监测被保险人的主要健康指标，这些设备就可以将这些数据发送给保险公司，保险公司需要做的就是提供更好和更有针对性的服务，比如提出调整保费的简单办法。

目前，保险公司仍主要专注于推动新的交易和合同，客户投保时大多数情况下是被动的，并不完全清楚自己所签字的合同和自己的真实需求之间的匹配程度，这也是所谓信息不对称情况下的一个典型问题。无论是保险公司、保险代理商还是保险经纪人都在孜孜不倦地追求客户，他们也一直被认为是"重磅销售"模式的主要发动者和参与者，但问题是随着技术的发展，保险公司与客户的互动关系已经发生了变化，客户权重变得更加重要。越来越多的保险公司开始意识到这一点，以更加积极的态度参与客户关系，形成了一种与过去截然不同的客户关系。在客户关系不断朝着"互动"方向发展的过程中，客户在新的环境下变得越来越活跃，开始成为"客户吸引力"创建工作的核心参与者，最终也导致了保险政策和承销流程方面的不断变革。

满足客户完全不同的期望主要是由保险科技创新所支撑的，特别是大数据分析和在线门户网站中的机器人技术。从实际情况看，保险行业在处理新问题时，技术是优先考虑的重要因素之一，如图 10 – 1 所示，保险公司也完全意识到了保险科技杠杆可能会带来的战略好处。英国创业加速器公司 Startupbootcamp（SBC）研究分析了全球 1000 多家公司，试图找出保险科技能够发挥重大作用的领域。根据 SBC 的研究结论，信息通信技术（ICT）对保险公司尤为重要，尽管从传统上看 ICT 在保险公司中的重要性远不及在银行中的重要性，但这种情况正在改变，ICT 对保险公司也变得日益重要。推动保险科技创新的力量主要有市场、技术、数据和合规等几个方面的因素。随着资讯和通信科技的不断发展，几个新的技术解决方案对保险科技也很重要，特别是 5G 移动通讯、大数据分析、物联网、

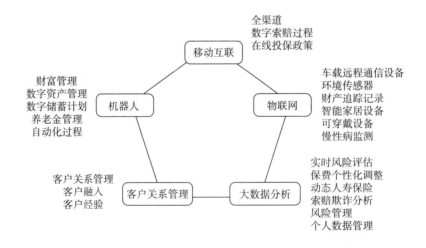

图 10 – 1　技术对保险业的影响

互联网社交媒体、人工智能和机器人、区块链、云计算等。此外，研究对客户更可见的技术也是保险科技的一种驱动力量。

随着贸易全球化的发展，产业链、价值链和供应链形成了全球化的新格局，在这种新格局下各国之间的人员和资金流动性正高速扩大。智能手机和平板电脑的使用已经非常普遍，就目前情况来看，手机的数量几乎等于全世界的人口总和，智能手机和平板电脑的销售数量和增速都远超过传统的傻瓜手机和个人电脑。移动业务的迅速增长对保险产品的销售也造成了很大影响，甚至在一些情况下，成为保险销售的理想手段，比如旅游保险。在移动业务中自然形成的大数据和大数据分析也是对保险公司非常重要的保险科技创新内容，其中应用最为突出的两个方面是：营销支持和风险管理。这两项技术有望使 ICT 技术从用于业务记录系统转变为管理参与系统，也就是说可以使 ICT 的功能从归档管理转变为保险公司的决策支持，如是否接受再保险、决定新险种的保费等。此外，物联网在保险科技创新中也非常重要，它可以为客户提供基于 ICT 的自定义服务，比如按量付费或者是基于健康和生活方式的保费调整等。这些技术在本章已经进行了基本的讨论，下面将重点介绍这些技术的应用领域和业务模型以及对应的应用程序，以进一步探究在保险行业大规模应用这些保险科技创新能够为保险业释放出多大的潜力。

普华永道将保险科技定义为金融科技创新中与保险相关的一个分支领域，保险科技正在积极利用金融科技的成熟经验为目标市场提供创新的价值主张，从而帮助保险公司形成市场竞争优势。普华永道的调查数据同时表明，尽管保险业在过去 100 年内并没有出现过重大的相关变化，但在最近 10 年内，科技促进了各个领域的变革和创新，为保险业带来了令人兴奋的应用和前沿的商业模式，成为保险行业外部吸引力形成的一个重要指标。从广义角度看，技术并不是保险业出现颠覆性创新的唯一驱动力，金融服务业的变化和发展也影响着保险公司，客户的期望和需求在金融服务变化的同时也发生了巨大的变化。保险公司适应这种业已变化的环境唯一的方法是调整自身的业务模型以适应新的变化，将客户置于经验和转型战略的核心地位，并对创新和变化持积极的态度。客户期望是这些颠覆性创新驱动因素中的重要元素之一，技术对所谓的技术壁垒也产生了影响，降低了传统保险行业的壁垒，并允许新的保险科技初创企业进入保险业。开源框架的扩散、按需开发和云计算是这些新进入保险行业的保险科技初创公司的主要发展领域。正如颠覆了传统的金融市场一样，这些新技术为保守、稳定的保险市场带来了新的搅动力量。保险公司和客户都是保险科技的主要接受者和受益者，因此深入分析保险科技的驱动因素，推演保险行业的发展可能性，并利用 CLASSIC 模型进行分析是有必要的。

四、CLASSIC 模型在保险业中的应用

由于保险业的领域非常广，建立一个适合所有组织的模型显然是不现实的，本章所讨论的业务模型主要针对保险科技及其具体应用。此外，由于价值主张、市场收入以及成本构成是每个组织的内在特质，本章不对这些方面进行讨论分析。整体来看，保险公司和保险科技公司之间既有差异，也有共同之处，保险公司的金融基础在大多数情况下比保险科技公司大得多，而保险科技公司可以视为是自然进化的保险公司。根据达尔文的进化理论，保险科技公司适应的结果是外部环境和持续的相互影响最终导致的。从这种进化和演进的视角出发，利用 CLASSIC 模型能够为保险公司和保险科技公司在通往保险科技创新的路上提供一般性的实用指南。

（一）保险公司与金融机构合作

根据麦肯锡的研究报告，影响保险行业发展的因素如下：

（1）客户参与度低。麦肯锡的研究报告认为长期以来，保险公司特别是寿险公司一直难以吸引潜在的客户并培养与现有客户的关系。保险公司追求客户的高兴趣、客户的低参与度导致巨大的需求没有得到有效开发。保险代理机构、银行、独立财务顾问和保险经纪人在分销渠道内的高度垂直化运作体系，使在保险公司和消费之间的高度垂直的中介也无助于缩短两者之间的距离。此外，整个保险行业的数字化程度较低，与千禧一代等年轻消费者的期望并不相符合。这些年轻消费者并不依赖于私人社交圈子（比如家人和朋友等）来获取保险产品信息，他们更喜欢通过在线评论或者互联网社交媒体（比如专业论坛和其他在线平台）来获取信息。并且随着智能手机和其他智能移动设备的迅速普及，年青一代消费

者的消费行为和理念也影响着老一代的消费理念和行为，这就是所谓的"均衡效应"。保险行业一直以来将营销目标对准一个由非数字原生代组成的市场，对于静态的、低数字化的保险行业来说，均衡效应可能会造成严重的后果。但对保险科技初创企业而言，具有管理思维、前瞻性态度和数字化阻力较小为它们这些以数字为导向的保险科技公司打开了一扇能够进入保险行业的大门。

（2）遗留成本和投资结构。传统的保险公司始终会存在遗留成本和投资结构问题，新进入的保险科技初创企业。可以在不增加现有组织转型成本的情况下提供领先的价值主张，这也是后发优势所在。传统的保险公司有可能在二三十年前已经制定了一系列相关政策，这不仅意味着僵化的客户关系管理，也意味着难以改变且成本高昂的政策转型。

（3）遗留的陈旧 ICT 系统。在传统的保险行业内由于保单和客户存量端刚性，旧流程和 ICT 系统的使用密切相关，更新或替换旧的 ICT 系统具有很大阻力。根据麦肯锡 2016 年的统计推算结论，仅遗留的成本结构和陈旧的 ICT 系统两项如果能够改进就能够降低 0.5% 的保险总费用。

（4）风险规避。保险业在很长时间内往往表现为静态的，既不愿改变现有保险产品也不愿创新保险产品，这造成的后果就是产品开发周期长、ICT 投资额低、交付决策缓慢，这也是许多试图增长的保险公司面临的严重瓶颈问题，以至于有人将保险公司称为在建立稳定和不愿承担风险基础上的"海洋"中经营的"慢鱼"。图 10-2 阐释了影响保险业的重要因素。基于这个模型可以深入了解对整个部门已经或可能造成困难的因素，如果能够找出不利于保险业务发展的因素，那么就有可能采取相应的补救措施。

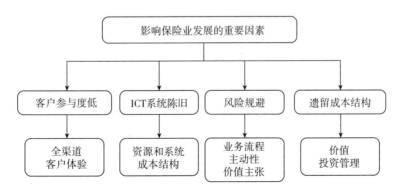

图 10-2 保险业影响因素与商业模式

麦肯锡在研究报告中提出的四个主要问题以及定位的相关领域为本章奠定了良好的基础，作为宏观领域的业务模型，这些都是应该考虑的正面和负面因素。本书中提出的 CLASSIC 模型是适合任何一家金融科技初创企业的，保险科技也可以视为金融科技的一个分支领域。但为了使 CLASSIC 模型更好地适应保险业，还是有必要对其做出一些必要的调整。每一家保险科技初创企业都需要把重点放在以下几个方面：①以市场为目标焦点；②注重产品和服务的增值；③更加注重社会渠道和全渠道；④注重客户体验，以客户为中心；⑤关注客户的生命周期价值，提供业务整体收入；⑥业务过程和相关活动更加集中于销售；⑦资源和系统要重点考虑新技术；⑧合作伙伴关系的重点要放在金融机构上；⑨业务成本和投资要时刻关注风险。这个框架更适合保险科技初创企业，因为它考虑到了保险科技初创企业与一般性金融科技项目的区别在于不同类型项目的权重以及具体目标和愿景。比如，对于合作伙伴和协议这样一个领域，金融机构在保险公司或市场贷款中具有很大的权重，因此这里的重点是金融机构，而对一般性金融科技初创企业重要的则是金融机构和其他战略合作伙伴，这也体现了二者在框架上的具体差别。此外，尽管本书所介绍的业务模型和商业模式主要适用于新进入保险业者和那些愿意彻底改变其传统业务的保险公司，但是在保险业中执行具体业务的每个部门也都可以从中受益。保险科技企业为实现创新，并在新环境中不断受到变革的启发，需要具备主导思维，最重要的是不能失去大局观，更不能将转换限制在某一个特定的组件或特定的业务上，传统保险企业也是如此。

从今天的发展形势看，保险业正经历着比以往任何时候都更重大的结构性成分变化。在这种新的形势下，保险公司必须以更有效的方式去寻求新的竞争优势。在这个过程中，合作是一个强有力的工具选项，如果合作得当，保险企业不仅可以获得更多的收入，而且能够降低运营成本。尽管保险科技企业不应只关注金融服务，但金融服务与保险联系最紧密，本章将会对此进行重点分析和说明。保险公司和金融机构之间的合作伙伴关系具有悠久的历史。为了更有效地从金融机构和保险公司之间的合作关系中提取对今时今日有用的价值，需要借助几种新的业务模型。本书所采用的模型是银行保险模型（BIM），这是一个新的保险分支，也提供了新的业务模式。保险公司与金融机构建立合作关系只是第一步，图 10-3 列出了在合作关系中需要考虑的一些重要因素。基于这些因素，保险公司可以根据自身的不同情况选择一个或者多个合作伙伴，形成多种合作关系如保险科技公司处于行业领先地位、银行处于合作关系中的主导地位或成立合资企业等。下列因素揭示了每一种选择背后的战略依据，实际上也对金融机构和保险公司在这三种情况下建立业务关系的原因给出了合理的解释。

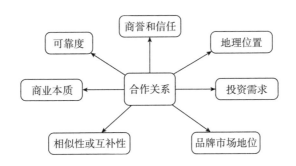

图 10 - 3　保险公司与金融机构之间的合作关系构成因素

金融机构和保险科技公司之间的合作能够为彼此带来丰厚利益，但进行合作时也需要经过一些必要的步骤：①实现规模经济和降低经营成本；②增加市场份额；③经营多元化；④实现协同效应。保险科技公司和金融机构进行合作的根本目标在于在增加收入的同时降低成本，从而提高企业的整体利润，这一目标是进行任何决策都必须着重考虑的，在经营过程中必须清楚每个决策对这一目标的影响，在向前看的同时保持必要的谨慎。收入和成本是影响合作关系的两个主要因素，这两个因素的权衡也是日常决策的一个主要部分。对大多数企业而言，与其他企业进行合作的首要目的是扩大客户基础。与此同理，金融机构与保险科技公司的合作有可能合并客户基础，并根据合作协议和共同需要维护各自所需要的客户基础。这一过程通常需要收费，保险科技公司会对它们自己的客户和合作金融机构之间产生的每笔交易收取费用；反之亦然，金融机构也会对保险科技公司收费，收费的金额主要取决于合作中双方的议价能力。还需要注意到，有时候保险科技公司与金融机构之间的合作不仅是为了扩大客户基础，而是为新的金融产品和服务的协同发展提供条件，这可能会产生新的市场竞争优势。此外，保险科技公司利用与金融机构之间的伙伴关系，也会对风险的分配产生影响。比如地域多元化能够使保险科技企业避免在特定领域集中的风险，同时还能通过渗透不同的市场进一步扩大客户基础。规模经济在成本领域也能产生明显的影响，使各组织通过增加产出以产生成本优势。

（二）给客户赋权

无论是保险科技初创企业还是愿意对自身商业计划进行重大变革的现有传统保险公司，为了得到市场竞争优势，都必须考虑如何处理客户的总体授权问题，这实际上会涉及本书模型中的三个领域：①以关注"英雄"为中心的业务过程和活动；②以客户为中心的客户体验；③全渠道和关注互联网社交的营销渠道。这三个领域是相互联系而不是互相孤立的。此外，对市场竞争可能会产生负面影响的因素也需要考虑，负面因素主要有两个："穷人"接触和风险规避。对于保险科技初创企业来说，由于没有历史负担和结构性遗留问题，按照这种模式来设计它们的业务可能会更容易一些，而现有的保险公司则必须面对严峻的转型障碍，如果在转型过程中管理不善，很有可能会带来负面后果。

本书希望能够就这种转型进行深入的分析，使读者能尽可能地了解保险公司的经营与其目标联系起来的清晰路线，并就此设计了一种模式。需要特别强调的是，实现这些变化和创新的方式可能超出了本书的目标分析结论。富士通2016年在欧盟范围内进行了一项调查，研究结果对理解保险公司与其客户之间互动关系的转变有一定的帮助，具体研究结果如下：①如果金融机构或保险公司不向客户提供最新的互动技术，超过1/3的客户将会离开它们；②将近一半的保险公司已经开始接受在线付费和移动支付，1/5的公司已经在使用可穿戴设备和加密货币支付；③将近1/5的客户会从谷歌、Facebook和亚马逊等竞争对手那里购买银行或保险服务；④富士通公司在2016年的一份声明中特别提到了保险公司，"在整个欧洲97%的受访者表示，他们很高兴金融机构和保险公司利用他们的数据为他们提供更广泛的服务，消费者的心态已经发生了巨大的转变"；⑤将近3/5的客户希望金融机构和保险公司能够使用它们的数据来降低抵押贷款利率和保费；⑥近一半的消费者将会允许金融机构和保险公司使用他们的数据来推荐相关服务和产品；⑦超过2/5的消费者允许保险公司和金融机构使用他们的数据以便了解他们的消费习惯，并提供相应的专业建议；⑧超过1/3的客户希望金融机构和保险公司能够利用他们的数据来修改他们的信用评级。根据富士通的这项调查报告，金融机构和保险公司走向数字化几乎是一种自然演变。但也需要特别指出的是，数字化并不是一件很容易就达成的事情，它需要企业建立自己的 ICT 系统，改变原有的商业模式，更新长期形成的企业文化，以及调整组织机构以适应新的业务，如此等等都需要企业付出巨大的努力。

（三）流动性

此前提出的 CLASSIC 模型虽然对金融科技企业的项目出现进行了较多的分析和讨论，但并没有涉及保险科技的相关细节，本节将讨论保险科技公司如何利用创新技术向市场提供颠覆性的产品和服务以获得竞争优势。对所有在该领域开展业务的公司，以及所有基于交付产品和服务的信息管理公司来讲，其中一些创新可能会成为改变游戏规则的主要因素。从未来的趋势看，保险科技企业可以在以下几个方面实现增长：①流动性；②渠道；③大数据分析；④物联网；⑤区块链。下面分别对这几方面进行分析，首先是能够支持保险科技公司发展的流动性。当前保险业的迅速发展正使其产品发生着重大变化，与金融科技领域的情况类似，保险行业也正在向"保险 2.0 时代"迈进，这个阶段的最大特点就是能够通过提供即时承保流程的移动设备为客户迅速提供服务和产品。保险行业转向移动方式并不是仅仅意味着需要向用户提供一个能够自由下载的移动应用程序这么简单，在提供移动功能的同时还伴随着内部流程的改变，内部流程的改变在于如何通过移动终端增强客户的浸入式体验，必须在必要的情况下敢于改变旧的流程，及时采用新的或重新设计的流程。保险公司不仅需要向客户提供移动应用程序，也需要为员工提供移动应用程序，从另一方面增强客户的体验，比如保险公司的员工可能在对客户进行现场拜访时撰写一份互动绩效报告，抑或向营销管理人员实时提供分析所需的信息。下面用两个案例对此进行说明。

Knip 是瑞士的一家保险科技公司，在 2015 年 H2 Ventures、毕马威（KPMG）和 Matchi 联合发布的 Fintech 100 全球领先的金融科技创新企业中，Knip 排名第 29 位。该公司建立了一项业务，通过移动交付不断适应客户需求的变化。在 Knip 的系统中，客户只需要在移动终端上点击一下，就可以打开整个保险单，客户需求的信息一目了然，保险顾问也能够帮助客户找到最适合他们的保险。在客户投保和保险公司承保的整个过程中，不涉及任何纸质文件，客户可以通过移动设备随时随地地访问他们的数据，不仅提高了服务个性化程度，也能够不断优化保险的覆盖范围。Trov 是美国的一家保险科技创新企业，主要为那些希望能够为单个物品或财产投保的客户提供保险服务且无论投保时间的长短。Trov 致力于使保险变得简单、灵活和透明来重塑保险，通过简化的流程支持快速的保险交付。客户只需在智能手机上快速简单地操作就能够在任何时候投保物品和财产，无论在家里还是在路上，如果投保的物品出现意外损坏、丢失或被盗，只需在智能手机上的应用程序中简单操作就可以申请索赔，在符合条件的情况下几分钟内就可以得到理赔，而传统索赔过程需要几天或者几周时间，从而为客户节省了大量时间。此外，Trov 还不断研究针对客户的个性化投保策略和管理流程以进一步加快索赔时间，优化客户的体验，它实现了客户的按需投保和单个小额项目的持续保险，也实现了对价格信息的持续跟踪。随着基于智能手机等终端的移动服务成为金融服务的首选工具之一，为客户提供移动服务功能变得至关重要，从 Knip 和 Trov 的案例也可以看出，保险行业必须尽可能快地接受移动服务的概念。提供移动服务的核心驱动因素是丰富客户的体验，重点是留住现有客户，而不是为了吸引潜在的客户，特别是在获客成本不断上升的情况下更是如此。为了更好地增强移动功能，还需要更好地利用这些功能，因此需要创建合理的 KPI 以测量有效性和效率，并开发或更新现有的应用程序，同时避免不必要的业务成本和浪费。

（四）大数据分析

数据处理是保险行业的主要关注点之一，其业务核心是从数据中提取价值，特别是基于大型数据集的统计模型进行风险评估，但随着时间的推移和数据量的增加，这些基于大型数据集的管理变得越来越复杂。从经验本质上看，保险公司有三大当务之急，分别是：①通过盈利客户的获取和保留实现交叉销售和向上销售，以进一步增加利润，其中客户体验和渠道管理是非常重要的；②通过资本效率和运营风险管理进行整体风险管理，其中保险公司与金融机构之间的合作至关重要；③通过降低成本、索赔管理和生产策略提高运营效率，其中的关键是提高资源的使用效率。大数据分析可以帮助保险公司实现这三个方面的要求。与此同时，新的 ICT 系统和其他大数据解决方案的普及重新点燃了整个保险行业对数据管理的兴趣，大多数保险公司一直致力于研究能够更好、更准确地评估风险的新方法，有效、高效和经济的数据管理对正确设置保单的保费至关重要。从理论上讲，在进行数据管理和保费设置时应基于以下几个方面：①保险范围，需要考虑到被保险人或对象的个体特征，保险经纪人、代理或机器人顾问程序需要考虑并提出任何可能的交叉销售产品；②风险评估，保费的价格设定应与实际覆盖的投保风险的水平相符合；③潜在利润，利润与保费设定是紧密相关的，潜在利润最终取决于保险公司的实际成本结构；④目标市场，保险产品的供给要与客户的预算相匹配，这对所有保险公司都是一个关键点，尤其是在竞争激烈的市场中，保险公司应充分强调客户附加值在其定价策略中的核心地位。

如前所述，保险公司在过去几十年的经营中所产生的海量数据，使保险公司将注意力转移到了数据管理领域。这些数据包括各种不同来源的复杂数据，如文档、视频、照片、电子邮件等，构成了体积庞大的非结构化数据。与以电子表格或数据库形式驻留在记录或文件的固定字段中的结构化数据不同，业务组织从非结构化数据中获得价值要困难得多。但从实际应用效果看，所有保险公司都不能忽视或错过对非结构化数据的分析机会，这可能是建立市场竞争优势的重要机会。不同的数据需要不同的管理工具，为了管理结构化数据，通常使用结构化查询语言（SQL）这种特殊的编程语言来管理特定的数据库，这类数据库也被称为关系型数据库。在不涉及技术细节的前提下，关系型数据库管理系统对管理结构化数据是非常有效的，但当涉及非结构化数据时，这些系统就显示出了局限性。那些愿意利用大数据分析提取价值的保险公司应该及时转向其他类型的数据库管理系统，特别是为了管理非结构化数据，需要转而使用非关系型数据库，并部署能够管理大量非结构化数据的前沿技术，比如 js 这样的新技术，该技术不仅强调文档中数据分析的重要性，还支持数据的互联网化。Bharal 和 Halfon 认为，对保险公司而言最佳的办法是混合方法，即关系型数据库和非关系型数据库的结合，一方面将旧的模式推向极限，另一方面利用大数据分析和其他前沿技术。快速发展的开放数据技术正在成为创造竞争优势的主要推动力量，ICT 和其他技术的普及也为整个保险行业的数据管理提供了良好的底层支持，本章将对那些有助于大数据分析的因素进行进一步讨论。

但需要注意的是，使用大数据分析并非是百利而无一弊的，大数据分析也有风险，特别是客户因素问题，随着数字技术的出现和普及，数据的收集实际上是基于潜在的入侵工具的。此外还有一个风险，市场力量的集中和客户歧视问题会在少数拥有大数据分析知识和资金的保险公司中加剧，被保险人数据和新数据加工技术可能成为保险行业新进入者的壁垒，这会在无形之中降低市场的整体流动性和竞争态势。这种技术和资金壁垒对已经在市场运营中使用大数据分析的公司是一种利益保证，同时也会惩罚那些在收集和使用大数据分析方面没有竞争力的公司，对后者而言，最大的后果之一就是难以利用新的大数据分析数据与客户进行充分接触和获得有针对性的宣传机会。同时，如果考虑到政府采用非强制性政策的情况，在大数据分析中获益的保险公司会自发选择最优质的客户，而自动忽视那些吸引力较低的客户，最终结果是这些客户被边缘化，形成经济学上的"撇奶油"现象。

保险科技公司目前正经历着环境的重大变化，不仅涉及环境本身的性质（比如行业监管和业务边界）、风险的性质，还涉及客户的最终需求。此外，保险公司还必须适应保险科技已经成为金融科技和金融服务业的一部分这样的新规则。在所有的变化中，最重要的变化是客户性质的变化。物联网技术作为一种新的业务方式，将以前彼此隔离的消费者变成了连接在一起的消费群体，消费者之间不断交换信息，并要求保险公司提供越来越复杂的数字化服务和产品。从目前情况看，保险科技公司可能会从物联网发展中受益，主要体现为以下几个领域：①价值主张创新，主要包括新的收入来源、新的客户服务等；②改善经济机构和成本构成，主要包括加强风险管理、促进投保人采用风险较低的行为、加强反索赔欺诈等；③预防解决方案创新，主要包括避免损失的新方法、先进的监察条款等。通过物联网的传感器和设备产生的数据是全面、可扩散的，能够更有效地支持决策过程、精简程序和业务。保险科技企业在制定改进和扩大业务的具体方法时，总的来看，主要面对的挑战包括以下几个相关领域：价值和影响、流程和政策、客户服务、移动应用程序、保险基础设施、传感器和物联网设备。为了解决这些挑战，本书建议采用如下办法：①改善能够代表当前质量水平的业务能力，比如在车联网状态下，远程通信技术支持基于使用情况的保险，如基于驾驶行为的保险（UBI），这无疑会改变客户对汽车保险的看法，改进还意味着适应所有这些技术和特性的创新成果能够在不久的将来得到广泛的实施。②形成新的价值主张并进行积极的扩张，保险科技公司需要具有识别客户新行为和新需求的能力，从而为客户提供新的个性化定制产品和服务。

在上述背景下，了解物联网如何改变数据的收集、分析和分发，对将物联网技术条件下形成的大数据转化为支持组织活动和业务决策的信息是很重要的。在符合现行监管规则和法律法规的基础上，保险科技公司具有很多的新机会，主要有：①定价模型将越来越个性化，保险定价不再仅仅是基于精算评估这种"向后看"的思维模式，而是基于投保人行为预测分析这样一种"向前看"的思维模式，这样保费就从静态价格转向动态价格，并根据客户的风险状况而演变，价格更新的频率也会越来越快，整体业务的重点也将会从定价转移到客户服务上。②分销模式在提供定制化服务、预防和降低风险、改进索赔管理等方面也应遵循相同的思路，更准确地重构动态索赔机制，减少欺诈和不必要的诉讼。由于消费者基于物联网的连接越来越多，可跟踪性也将会实现，保险公司可以对消费者所形成和表达的数据进行独立的分析。简而言之，仍以汽车保险和车联网为例，物联网技术和大数据分析会将车辆保险中的远程通信设备扩展到其他对象的保险模型中，大大提高了数据的利用率，最终甚至可能会扩展到人的保险模型中。从采用自适应保费的观点看，最终的结果将是对现有投资组合的蚕食，原始模型的准确率变得更高，并且能够基于相互之间的关系，减少保险模型中的潜在失真问题。

物联网技术和大数据分析的组合最有可能导致的结果是保险公司改变服务模式，改变的方向最有可能是提供新的服务以提高其保单的吸引力，比如车辆在发生交通意外事故或者被盗窃的情况下，可能会出现支持或提供替换车辆的即时干预技术，自动发送信息到投保人的默认电话号码或电子邮件中。从这个意义上看，保险服务将成为一种辅助性服务，这样就可以吸引表现最好的客户留下来，而且安装在车辆上的远程通信设备可以帮助重建交通意外事故的发生过程。因此，通过分析互联网社交网络和其他连接数据，能够更好地了解承保对象的动态，以应对突发事件或保险欺诈等。同样，这些经验可以复制到所谓的家庭自动化（Domotics）中，或者通过技术辅助建造的一个办公室、一个商店或者一个工厂的车间等，这些场景都可以应用智能传感器以提供预警，这样在客户订阅保单的事故发生时，就有可能找出影响因素和可能导致损失的重复性行为。保险公司提供与安全系统中传感器相连接的持续风险管理系统就能够实时监测火灾、漏水、非法入侵、断电等意外事件。在不久的将来，甚至可以想象对以人为保险模型的系统采用类似的解决方案，实时监测老年人的意外跌倒或其他需要家庭护理的病人的生命体征等。

就大数据方面的合作而言，安永公司建议所有的保险公司都应该通过共享资源和专业知识，以帮助分销合作伙伴发展数字能力。每一个良好的保险科技项目计划都应该考虑在项目的每个方面都赋予客户中心地位，所有的客户联系都应该被完整地管理、整合并保持前后一致性，同时也应该为保险代理和中介机构提供必要的分析工具和服务工具，以使客户具有独特的体验，从而提高销售额。在所有这些行动中，都需要向组织灌输麦肯锡提出的"客户同理心"理念。真正的客户同理心能够让保险公司对客户真正的需求做出反应，而不是停留在表面上，同时通过这样的做法也能够刺激颠覆性创新，这也是保险公司确保自身提供比简单的客户模拟更多真实体验的唯一途径。在这一方面，互联网社交媒体对保险业以同理心对待客户有很大的价值，保险科技公司一直很注重此方面，但传统的保险公司往往并非如此。截至目前，传统的保险公司仍在向陈旧的客户参与解决方案投入大量的资源。认识到互联网社交媒体对保险生态系统中每种组织类型的价值和总体效益成为传统保险公司改革的首要内容。

互联网社交网络作为现代社会中人们互相联系的一种方式正变得越来越重要。在私人通信等应用场景下，通过社交网络发送的消息数量远远超过了传统电子邮件，保险营销和销售也可以从互联网社交渠道中受益，在全渠道中保持一致性和集成性对提高保险销售是非常有益的。互联网社交媒体具有如下好处：客户洞察力、更有效地传播服务和新闻、更有效地与年青一代接触、对客户进行更有效的教育、低成本。对保险科技公司来说，需要在所有主要的社交媒体网站对客户的个人资料进行定期监控，并对任何客户不满意或有损品牌的行为迅速作出反应，这在保险科技公司生命周期的第一阶段是十分有用的。同时，保险公司也可以考虑主动发布一些文章，向客户传播它们希望灌输给客户的品牌形象。如果经过精心策划和实施，通过社交媒体进行营销活动可能会非常有效，尤其是当客户不满意或根本无法接触到他们希望获得的产品和服务时更是如此。通过互联网社交媒体营销，还能为保险科技公司提供创新想法和发现潜在的颠覆性产品的机会。以 Amodo 公司的成功经验为例，它是一家克罗地亚的保险科技初创企业，在美国和其他欧洲国家也很活跃。Amodo 的互联网客户平台能够满足新一代互联网用户的需求和适应他们的生活方式。同时，Amodo 能够收集智能手机和许多不同的连接消费设备手机数据，从而建立全面的客户档案，更好地洞察出客户的产品需求和风险暴露。实际上，通过家庭互联和其他解决方案，电信运营商为客户提供了越来越多的互联网和物联网相关的产品和服务。Amodo 与电信运营商之间实现了"双赢"合作，一方面电信运营商能够拓展到保险服务领域，另一方面保险公司增加了一个基本的分销渠道。通过大数据分析，保险科技公司可以为客户提供风险防范方案、个人化定价和现场保险产品，从而提高客户的忠诚度和终身价值。在此过程中，保险公司还可以通过社交电商的方法主动吸引其他客户，最终营造客户与保险公司之间持续的积极体验。

在大数据分析和物联网支持下，机器人和人工智能对保险业尤其重要。机器人可以为特定客户提出最佳策略，机器人过程自动化能够为保险科技公司在需要手动和逻辑操作组合的活动中提供有益的帮助。机器人咨询功能可以视为保险公司的一种管理福利，它可以作为保险公司扩大其财富管理业务的一种方式，同时也允许保险代理人保持对销售的持续关注。以保险科技公司 Ladenburg 为例，它是一家总部位于美国佛罗里达州迈阿密市的多元化金融服务上市公司。该公司推出了一个名为 $ymbi 的自助投资平台，为 Ladenburg 附属顾问公司的客户提供符合客户个人风险承受能力的多元化投资组合。$ymbi 使用专业的评分方法来推荐多个风险类别的投资组合，要求最低投资额度为 500 美元，允许客户在几分钟内为自己的账户融资并开始投资，投资组合利用全球多样化的资产配置和战术决策，可以利用市场条件获得独特的投资机会。Ladenburg 通过 $ymbi 平台帮助客户在理财顾问的基础上解决了日益增加的财富管理服务需求，而且在服务中充分利用了自动化信息和人类逻辑洞察力的综合优势。

（五）区块链与云计算

区块链在几乎所有的保险业务领域都存在应用的可能，保险业务的全部高级流程如图 10 - 4 所示，区块链在整个业务循环中都是有用的，而且可以在采用新策略时使用区块链技术来验证客户的身份或防止欺诈风险。首先以银行保险承销中的区块链使用情况为例，美国的一家金融科技初创公司 Tradle 支持以区块链的方式存储客户的个人信息，因此对潜在的黑客和网络攻击具有很高的防范性。同时，以区块链存储的信息允许其与合作的金融机构共享客户数据，比如身份文件等，金融机构等合作伙伴公司可以通过一个非常快速和简洁的流程来订阅数据，而无须再收集现有的数据。在实际操作中，每家合作的金融机构都可以进入 Tradle 的网络，消除了金融机构了解客户（Know Your Customer，KYC）的成本。虽然在 Tradle 网络诞生之前，银行内部已经有 KYC 的基础，但是这些 KYC 之间并不共享，因此传统金融机构的 KYC 成本始终居高不下。此外，区块链技术基础上的文件交换和通信完全符合最严格的数据法律规定。英国的一家保险科技公司

SafeShare 提供了另外一个高级保险承销的案例，它使用基于比特币的底层区块链技术来确认交易双方的应尽义务。基于共享经济的保险需要灵活应对不同客户的需求，而该公司开发的 Z/Yen Group 分布式分类账为此提供了新的机会，几乎可以在实时的情况下协调交易双方之间的产品供应，并从根本上降低协调的成本，最终实现了以合理的价格向客户提供灵活、灵敏的产品。

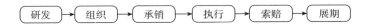

图 10 - 4　保险业务流程

将区块链应用到保单合同的自动化中，可以明显减少协调和错误的管理成本，以区块链为驱动力的智能合约能够为客户和保险公司提供透明、灵敏和无可辩驳的索赔管理方式，具体流程为：①保险合同和双方之间的相关索赔以代码形式写入区块链，虽然涉及的投保人是匿名的，但智能合约在公共总账中；②一旦达到触发时间或触发条件，比如到期时间或上限值等，智能合约根据编码条款经由网络验证后自动执行，确保只支付有效的索赔；③监管机构可以使用区块链来了解具体的市场活动，同时维护投保人的个人隐私。从未来发展趋势看，区块链最终能够实现索赔的自动管理和支付，例如 Everledger 公司使用区块链创建了一个分布式分类账用于记录钻石等宝石资产的详细信息。该分类账运行保险公司（以及潜在的买家）监察任何单个宝石的历史，包括此前的索赔记录，通过这种方式帮助保险公司预防、发现保险欺诈。可以进一步地设想，如果将区块链与物联网连接的设备一起使用，比如车载的远程通信设备、可穿戴设备以及智能传感器等，这些设备可以检测到异常并实时发出预警，区块链将最终出现在连接设备检测到的投诉、预投诉和自动化相关的工作流程中。另一个可能会应用到区块链技术的是"对等保险"。这是一种新的商业模式，个人或团体在该模式下通过分享保费相互保险，这类似于 Friendsurance 的做法。保费的一部分支付给保险公司，以覆盖严重风险情况下的索赔，剩余一部分仍在一个共同基金内以照顾较低的索赔，每位参与者都需要签署一份承诺并向互惠共同基金捐款，区块链将以一种安全的方式存储这份承诺和资金，但该基金不会立即支付而是保留在区块链中，每个人的捐款只有在提出索赔时才会发生转移。

总的来看，在发现区块链的潜在使用领域方面，保险行业落后于银行业，西班牙劳埃德银行正在考虑使用区块链重新设计其运营模式，当然也有例外。即使新技术的生命周期总体上在不断缩短，区块链技术对保险行业的真正影响可能到数年以后才能显现出来。另一个趋势本书之前已经提到，一些知名的保险公司（如安联、大都会人寿、英杰华等）已经建立了保险科技实验室或者与保险科技初创企业合作，通过跨网络平台和移动平台进一步完善保险政策和业务流程，以更有意义的方式吸引客户。

　　云计算可以利用 ICT 资源进行按需使用分配，通过互联网可以做到按需付费且带有自助模式，它能够将保险公司从固定位置的数据中心解放出来，基于互联网和保险科技，能够改变很多传统业务的形态。以美国 NationWide 公司为例，它是一家财富 500 强公司，在 80 年的时间内从一个由投保人拥有的小型汽车互助保险公司发展成为美国最大的保险和金融公司之一，拥有 38000 多名员工，是美国公共部门退休计划的第一大提供者，也是美国第七大汽车保险公司。该公司之前在全美国范围内利用 3000 多台分布式的服务器为客户提供服务，效率低下且成本高昂。为了提高业务的灵活性并降低不断增长的 ICT 成本，NationWide 通过虚拟化最终实现了云计算，将分布的服务器整合运行在大型机上的 Linux 虚拟服务器上，创建了一个针对不同工作负载进行优化的多平台私有云。在私有云部署完成后，减少了 80% 的电力、冷却和空间需求，并逆转了分布式服务器的开销费用，仅三年的时间就节约了 1500 万美元。

　　数字革命正在世界各地和各行各业蔓延，保险行业也不例外，数字化使传统的保险公司变得更有效率、更经济，得益于云计算和全球化，保险公司能够很容易地扩大集中市场的覆盖范围，一方面促进了市场竞争，另一方面也增加单个企业的市场规模。大数据分析技术可以帮助保险公司改进风险分析，并应用于资本市场、证券、客户分析和渠道营销，以及为风险定价和客户服务提供新的数据集。人工智能和机器人技术可以帮助保险公司和客户选择最佳的业务策略和替代产品方案，移动技术则可以帮助客户缩短做决策的时间，尤其是在保险公司需要客户做出决定的时候。保险科技中最重要的一个技术是区块链，它有可能彻底改变保险批发的环境。区块链基于在线分布式账本技术，可以帮助保险公司和客户建立基于分布式账本解决方案的智能合约，帮助保险公司管理客户身份、引用数据和资产，以更加安全的方式增加透明度，确保向保险市场提供无缝、可靠且不间断的信息服务。此外，区块链技术作为一种降低成本的方法，能够促进保险业务合作伙伴之间的数据交换和可用性，并作为一种可信的公用事业服务，提高保险市场的整体竞争力和运营水平。普华永道正在进行一项长期的金融科技研究项目，其中重要的一项内容就是研究区块链技术在批发保险领域的潜力。保险科技企业不仅是改善批发保险业务流程的重要驱动力量，也是支持新产品引进和传统产品改进的重要力量，以网络风险保险为例，网络风险保险包括了信息通信技术系统的网络损失或信息丢失等相关的损害，与其对应的保险政策通常包括对事件本身的重大协助和管理。根据英国政府的一项调查估计，2015 年 81% 的大公司和 60% 的中小型企业遭遇了网络入侵，大型企业遭受网络安全入侵的平均成本为 60 万至 115 万英镑，中小型企业的成本为 6.5 万至 11.5 万英镑，因此用保险科技的手段应对网络风险保险是必不可少的。总之，在新的保险科技的生态系统中需要新的商业模式来促进保险公司和投保人之间更紧密的合作，二者都将从中受益良多。

五、本章小结

长期以来，保险行业一直被认为是在适应新技术方面行动迟缓的行业，保险公司 50% ~70% 的 IT 方面的预算都用于运营而不是研发。从未来发展趋势看，大数据已经开始并完全有可能进一步推动保险业的变革，远程通信技术、可穿戴设备和物联网等技术也能够为保险业提供大量的数据，再加上人工智能和区块链技术的进步，保险公司能够为消费者开发出更多个性化的产品和服务。伴随着这些大数据，保险公司与客户之间开始出现一种不同的关系，保险公司能够更有意义地与投保人接触。可以预见在不久的将来，大数据很有可能会彻底改变保险行业。分布式账本技术、物联网和人工智能开始颠覆我们对今天所熟知的保险市场的看法，尽管颠覆的程度以及具体会发生什么事情仍有待观察，但随着保险行业数字化创新的全面展开，保险科技将会发挥越来越大的作用。

事实上，保险科技作为金融科技创新中与保险相关的一个分支，正在积极利用技术创新支持保险业务，在过去的十年中，它不仅促进了金融领域的变革和创新，也为保险行业带来了令人兴奋的应用和前沿的商业模式。很多因素都在颠覆和搅动保护行业，其中最关键的驱动因素来自客户和互联网条件下客户所需求的自主授权。保险公司需要不断地向前看，满足客户的需求，努力预测竞争对手的策略和动向，为了实现这一目标，保险公司需要寻找更加有效的方法，加强与金融机构的合作，并与客户建立起信任关系。就目前情况看，保险业整体上还没有制定出一套连贯的方法来应对当前的局面，因此保险科技要首先把创新放在战略核心地位，不是决策是否参与保险科技生态系统，而是决策如何参与保险科技生态系统，以更加开放的心态接受保险科技创新。现有保险公司可以采用如下具体步骤：①探索未知，积极监测创新趋势和创新技术，在创新热点地区建立自己的分支机构，直接了解最新的保险科技发展动态；②建立战略合作伙伴关系，与保险科技初创企业进行合作，建立试点解决方式并在市场中测试，确保设计的沙箱环境有助于提高企业自身的创新能力，从而生产用于设计潜在原型解决方案的工具和资源；③新产品开发，参与保险科技研发计划，帮助企业发行需要更新的保险产品或服务，满足对新需求和新风险的覆盖。虽然从整体上看，保险业的变化仍然较为缓慢，但越来越多的保险公司开始围绕大数据分析、可穿戴设备、物联网、区块链和其他解决方案开发观点验证程序（PoC）计划，为企业提供更好的客户洞察工具，也开始以更有效的方式运营和营销以吸引年青一代。可以预见，在未来几年，保险科技方面的投资将大大超过银行和资产市场方面的投资，其中大部分投资可能是监管部门推动的。

第十一章　金融服务平台化

　　人们在讨论金融和保险行业的战略和未来时，更多关注的是可能发生在金融服务领域的颠覆性创新的性质，而不是现阶段的颠覆者是谁。通过对颠覆性成长造成的"破坏"背后更深层次的力量形成统一的看法以理解这些力量，并进一步加以分析，有助于解释其搅动传统金融行业和保险行业的原因。本章从包括保险的大金融视角，分析了金融服务业所面临的转型和颠覆性创新的性质，而不仅仅是可能启动这些转型和创新的具体方面，从而揭示金融服务业数字转型和创新的两个主要机制：①新模型的产生机制；②超大型平台的动力机制。实际上，这些机遇、创新和挑战并不是彼此排斥的，新进入者、创新者和现有金融机构通常在市场中会出现数字错位现象。容易出现创新的金融市场领域通常具有以下几个方面的指标：①重复的价值链活动，比如大量的交接或重复性的手工作业；②稳固的物流或零售网络；③整体行业利润高于其他行业。由于行业的整体利润较高，容易吸引创新参与者进入该行业，价值链的精简和裁员能够为消除不必要的中介机构并直接面向客户创造条件，数字渠道和虚拟服务则可以代替或重塑实体经济的物流和零售网络，这正是当下金融行业的典型写照。

　　本章重点讨论的是金融科技的未来发展趋势，为此首先定义了金融科技企业的服务概念，在讨论和分析金融科技的未来战略发展，特别是关于如何驱动创新服务和创新设计服务的设计决策的情况下对金融服务的概念进行再定义是有必要的。从金融科技发展的大趋势看，本书认为金融服务的服务理念需要有利用平台的思维，这有助于将服务策略集成到服务交付系统中，并确定用于评估服务设计的适当性度量指标。此外，本章还将研究客户是如何从零售消费演变到平台消费的过程，以及企业进入平台生态系统后如何管理 B2C 和 P2P 销售市场；与此同时，平台消费也改变了客户的期望和消费行为，因此本章还讨论了平台对金融业务的影响和平台服务模式的转变。

一、金融平台和平台经济

一些学者研究指出，金融机构提供的传统金融服务在数字经济的发展过程中的重要性正在不断下降，本书也认可这种观点。需要指出的是，金融机构提供的传统金融服务的重要性可能在下降，但银行业作为资金提供者和资金使用者之间的互动中介，金融机构和银行业的重要性不会下降；金融服务的其他部门也是如此，保险公司的传统产品和服务的重要性可能会下降，但保险业的重要性不会下降。持有这种观点是因为将金融机构视为平台而不是一般意义上的服务提供者。平台是基于支持外部生产者和消费者之间的创造价值交互的业务工具，平台也可以概念化为一个不断发展的组织或元组织，其特征有三个方面：①能够联合和协调创新与竞争的构成要素；②能够利用供应和需求中的范围经济来创造价值；③平台需要一个由核心和外围组成的模块化技术解决方案。普遍来讲，平台能够为服务的交互提供开放的参与性基础设施，并设置了治理规则和使用条件，平台的主要目的是在参与者之间创建操作接口，最终通过平台的方式促进商品、服务和社会关系的交换。此外，平台还支持为所有参与者创造价值，在信息交换方面更为突出，这和发生在金融平台上的现象一样。

从市场的角度看，平台提供了基础设施和交易规则，能够将生产者和消费者聚集在一起，平台生态系统中的参与者通常会扮演四个不同的角色，但随着时间的推移，可能会很快从一个角色转移到另外一个角色，因此理解平台生态系统的内外关系是定义平台策略的核心任务，也是一个平台成功的关键因素。平台生态系统参与者的四个角色如图 11-1 所示，该生态系统主要有以下四个特点：①平台的所有者或是平台知识产权的控制者可以决定以何种方式参与仲裁，他们主要致力于平台的创新，修改商业模式，或聚合其他商业模式；②从基础设施的角度看，供应商提供了平台；③生产者是平台产品的创造者；④购买者或消费者是平台上这些商品的用户。在以往的技术和商业条件下，建立和操作平台并不是易事，如今在数字技术的支持下变得容易很多，时间和空间已不再是障碍。如今的平台采用复杂的解决方案，比以往任何时候都能够更精确、快速地将生产者和消费者联系起来，一个平台甚至可以完成几年前无法想象的任务。基于平台，生产者和消费者之间建立起了价值、信息和反馈的交换通道。虽然平台的种类有很多，但它们都有一个结构基本相同的生态系统，并包括这四种类型的参与者。对银行而言，一个金融平台包括四个部分：拥有者是银行等金融机构；传统的供应商是各分支机构，或者更一般的理解就是渠道；生产者是资金的存款人；购买者是银行各种产品和服务的用户。

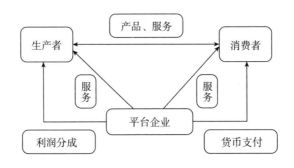

图 11 - 1　平台生态系统

通过平台的生态系统，企业能够将生产者和消费者聚集在高价值端交易场所中，其主要资产是信息交互。以苹果推出的 iPhone 及其操作系统为例，它不仅仅是一种产品，还是一种服务渠道，是连接生产者和消费者之间的方式，一方是应用程序开发人员；另一方是应用程序的用户，并为双方创造了价值，也为平台的所有者和控制者创造了价值，形成所谓的"网络效应"。另一个典型的平台案例是借贷市场，借贷是银行业的一项行业垄断特权，但在过去的几年里，越来越多的金融科技初创企业不断向这一银行垄断的领域发起冲击，目前金融机构进入借贷市场一般有三种形式：①搭建内部专用平台；②与市场借贷人建立推荐合作关系；③牌照许可的市场贷款人平台。第一种方法通常是最昂贵和耗时的，拥有提供对承销和客户体验端的最终控制；第二种方法则是金融机构将潜在借款人发送到市场上贷款机构的网站，然后购买贷款或者收取推荐费，并能够产生收入和填补市场中的产品空白，但也通常伴随着承保和用户体验风险；第三种方法允许金融机构利用"即插即用"技术和非传统信贷标准，虽然它不是免费的，但通过努力可以集成所需的功能。

尽管 21 世纪至今，经济、社会和技术有很多巨大的改变，但恐怕没有比平台零售更能改变客户与企业的互动方式的技术了，它彻底改变了人们的购物方式以及对零售行业的期望和行为模式，平台巨头的出现以全新的方式打开了零售的新市场。平台革命正在如火如荼地进行中，无论是生产商、零售商还是消费者都正在进入越来越多的平台经济中，平台也变得越来越复杂和专业。平台大大改变了目前人们的工作、购物和消费方式，而且可以大胆地预测，以后还会有更多的变化，本节将对未来的平台变革做一些简单的探讨。在进一步讨论之前，首先对平台做一些基本的说明。在技术语境中，平台是支持其他技术运行的技术或技术集。具体而言，在市场平台的术语体系中，平台是一种技术，它支持内容从生产者到消费者的分发，或者在彼此之间进行分发而不需要专门的零售店。在现实中，我们熟悉的平台有淘宝、支付宝、微信、Amazon、Facebook、YouTube、LinkedIn、Twitter 和其他社交媒体平台，它们主要为购物和分享内容而设计，其商业模式多是基于广告和付费内容；另外一些大型平台公司如 eBay 和阿里巴巴则致力于让小型生产商接触到广泛的客户；其他平台则专注于特定的市场和受众，如滴滴专注于打车服务、AirBnB 专注于客房服务。此外还有专门提供各种专业服务的平台，比如支付（支付宝、PayPal）、文件共享（Dropbox、微信云盘）、汽车共享等，本书之前讨论到的众筹和 P2P 借贷也是各种类型平台中的一种。整体来看，平台在平台规模上的特征具有三个关键的概念层：网络、市场和社区。社区包括消费者、生产商、零售商及其交互。基础结构层和数据层负责管理平台交互和可用性，并支持分析其他层的有效功能。

随着时间的推移，社交平台和市场平台之间的壁垒变得越来越模糊，社交平台一直需要在广告和行为数据销售等形式中加入商业元素以维持收入，它们现在正在与更多的服务合作伙伴一起为客户提供更多的商业机会。社交媒体支付是这一发展的重要里程碑事件，随着平台不断寻求银行牌照，其他金融服务显然也会跟进，支付宝、微信支付和微众银行就是这样一个例子。目前各种各样的网站之间的生态系统链接快速增多，主要原因就是为了减少身份的扩散。随着超级平台的崛起，现在很多商业和社交网站都可以通过 Facebook、Twitter 等社交平台访问并共享数据。目前，几乎所有的商业网站都开始提供通过社交平台分享评论或内容的选项，一些商业网站甚至仿效了社交平台的功能。随着市场平台逐渐成为人们消费和生产的一种关键方式，基于互联网的循环经济也开始逐渐形成，人们不是简单地宣传循环经济的理念，而是对丢弃的物品重新加以利用。基于本地的交易系统出现了，该系统使用内部的数字货币奖励社区内的人们购买商品或服务。互联网循环经济能够鼓励人们的绿色行为，比如 Startup Bundle 允许其客户像 Uber 共享汽车一样共享家用电器，减少不必要的浪费，并鼓励生产商制造寿命更长的机器。

　　智能手机和平板电脑的普及以及成为人们日常生活一部分的平台的出现，不仅深刻改变了消费者和生产者之间的互动方式，也改变了人们对信息、隐私和身份的态度。在 21 世纪初，大多数消费者仍不是那么活跃，超级市场是最普遍的购物方式，手机刚刚普及，零售商和消费者之间的沟通是通过电话或者信件进行的。虽然在西方发达国家邮购很常见，但却很费时，消费体验不佳，消费者需要从目录中选择商品然后等待发货，并通过邮局把不需要的商品寄回去。平台最明显的影响就是人们购物方式的改变，一方面，人们在商业平台购买越来越多的商品和服务；另一方面，这些商业平台也提供了极其广泛的商品、诱导订阅、活动优惠券等等，不管客户是否需要都大大改变了客户的行为，有三个方面的改变最为明显：①可以在任何时间购物，人们可以在工作时、旅行时、下班后等各个时段足不出户完成购物，平台和网上商店也允许人们不断往购物车中添加商品，直到结账或送货时才付款；②可以在任何地点购物，人们可以通过平台从世界任何地方购买所需的商品和服务，对于那些行动不便的人而言，这也大大便利了他们的生活；③几乎可以购买任何商品，无论人们需要什么东西，都可以在网络上找到，对此商业平台提供了很大助力。平台带来的消费体验不只是让人们的购物变得更加方便、快捷，随着购物习惯和行为的改变，平台也改变了人们对购物的期望，具体表现为：①选择，人们希望能够从多种多样的商品和服务中做出选择，大量研究表明，书籍和音乐销售的平台化导致了明显的"长尾效应"，平台使少数书籍和音乐取得了更大的销量；②价格，人们不再期望固定的产品有固定的价格，平台不仅能够提供比一般零售商更低的价格或优惠政策，而且允许客户基于交付条件、担保条件等不同享受定制化服务，此外商品或服务的价格也会基于受欢迎程度和市场趋势实现动态定价，比如滴滴、Uber 等平台通过动态峰时价格将可变定价机制发挥到了极致；③即时交付，大多数商业平台都允许用户自主选择送货时间，平台不仅塑造了人们对即时交付的期望，也在更快、更好的服务支付溢价方面发挥了重要作用，改变了人们的消费心理；④信息，人们不仅能够通过平台了解产品本身的信息，也能够了解其他客户的购物体验、平台对比经验和备选方案等。几乎在所有平台上，人们的这些购物行为都越来越依赖于电子支付服务，其中大多数电子支付与人们的银行账户相关联，也有部分消费者通过传统支付或其他形式的电子货币（包括越来越多的加密货币）将资金进行托管，这种情况在欠发达地区更为常见。

平台除了改变人们的购物行为和期望以外，也从根本上改变了人们之间信息互动的方式和对信息的期望。在平台生态系统中，人们乐于分享个人信息，并希望其他人也这样做。从商业角度看，最显著的变化出现在产品、服务和供应商的信息可用性，以及消费者分享信息的意愿方面，这导致无论是产品制造商还是服务提供商都不仅需要倾听客户的声音，还需要以全新的方式策划自身的社会公众形象。当然，社交平台允许在社区分享人们对政治、社会和文化的评论，社区评论内容通常与产品、服务和提供这些评论的公司有关，一个公司的价值观正成为其在消费者中定位的重要组成部分。这反过来又与消费者自己在政治和社会意识形态方面的自我定位有关，以及他们在多大程度上认同这些与意识形态相关的产品。随着消费者意识的提高，越来越多的消费者将消费与意识形态（抑或说是生活方式的选择）联系起来，这对产品制造商或服务提供商来说既是机遇也是挑战。随着社交平台的流行，一个新的现象是网红的出现和崛起，目前网红已经成为平台上一个有效的职业选择。荷兰国际集团（ING）已经将其在社会和人口统计指标中作为一个关键的增长类型。同时，网红现象也导致个人通过社交和事业平台提供的个人信息的激增。这也导致了一个新的问题，如今平台的声誉已经是由网红观点塑造的，就像美国大选中剑桥分析公司（Cambridge Analytica）在选举舞弊中操作的那样，无论是现在还是将来，大规模群体的观点都容易受到规模、智能分析和信息泡沫等的操纵或影响。随着区块链、人工智能和行为声誉系统等新兴技术的日益普及，它们将是未来几年最重要的领域之一。虽然数据操纵和塑造公共观点在今天已经很普遍，但可验证的数据和复杂行为分析技术也带来了新的机遇，这意味着可以根据事实而不是观点来创建声誉，这一变化将在很大程度上决定未来平台和商业的互动方式。

二、从银行到金融科技平台

对于金融机构和保险公司，平台的概念和实施实际上已经存在了很多年，它们本身就是资金生产者和消费者的平台。ICT 的进步使金融平台的构建和扩展变得更加简单和便宜。在新的 ICT 系统支持下，金融平台增强了捕获、分析和交换大数据的能力，提高了平台对每个客户的价值，同时创造了几乎没有摩擦的客户体验，加强了网络效应，平台业务在很多领域都取得令人难以置信的增长。要理解平台的崛起是如何改变竞争格局的，以及理解平台的发展和竞争策略，需要清楚知道长期以来主导金融行业的传统金融服务与金融平台化服务有何不同。传统的金融服务通过控制一系列线性活动创造价值，所谓的经典价值链模型本质上也是一个价值传递管道，链条的一端在输入后经过一系列步骤，这些步骤将输入转换为更有价值的输出产品。虽然很多纯管道业务仍具有很强的竞争力，但当平台进入相同的市场后，从长远来看平台必然会成为最终的赢家。从传统金融机构向金融平台转型会涉及三个关键转变：

（1）从资源控制到资源调配。基于资源的竞争观点认为，企业可以通过控制稀缺且有价值的资产而获得竞争优势。在传统金融服务领域，这些资产包括有形资产（如分支机构、基金等）和无形资产（如品牌、知识产权等）；而对于金融服务平台，资金的生产者和消费者组成的网络是其最主要的资产，网络社区及其成员拥有和贡献的资源，无论是资金、政策还是想法和信息，都是金融服务平台难以复制的宝贵资产。

（2）从内部优化到外部互动。传统的金融机构通过优化从原料采购到销售、服务的整个产品活动链来组织内部劳动力和资源，从而创造出价值。金融服务平台则通过促进外部生产者和消费者之间的互动来创造价值，由于这种新的外部导向，平台往往允许削减可变的生产成本。由于金融平台的业务重点从传统的内部流程转移到让更多的参与者进入平台，因此平台生态系统的治理是金融服务平台成功的重要基础。

（3）从关注客户价值转向关注生态系统价值或共享价值。传统金融机构在提供金融服务的过程中寻求的是产品最大化，以及所服务的单个客户的终身价值，而这些客户实际上在提供服务伊始就已经处于一个线性过程的起点或终点。金融服务平台则不同，它寻求的是在循环、迭代、反馈驱动的过程中最大化不断扩张的生态系统的总价值，为此有时甚至需要提供一些免费服务。另外，在金融服务平台中，生产者可以享受消费者所提供或使用的信息，消费者成为营销广告的受众，在某些情况下，这也构成了平台参与者的成本回报。

这三个转变清楚地表明，在平台生态系统中竞争更加复杂和动态化，波特所描述的竞争力量仍然是适用的，即新进入者和替代产品或服务的威胁、客户和供应商的议价能力、竞争对手之间的竞争激励程度，但在金融服务平台上，这些力量的表现是各又不同的。由于新的竞争因素开始发挥作用，平台管理人员要管理好这些因素，就必须密切关注平台上的交互、参与者的访问和新的性能指标的具体表现。

在现代工业经济发展中，增长引擎无论在过去还是现在都是规模经济的供给侧，庞大的固定成本和较低的边际成本意味着销售额高于竞争对手的那些公司，平均经营成本也较低，因此它们能够进一步降低价格或进一步增加产量，从而形成更低的市场价格，在良性的反馈循环中往往会产生市场垄断和行业寡头。在供给侧经济体中，金融机构需要通过控制资源、不断提高效率和抵御波特五种模型中任何一种力量的挑战来获得市场地位，这一战略的目标是建立可持续的竞争优势，以保护组织避免竞争和向其他公司发起渠道竞争。金融服务平台为了建立竞争优势，需要鼓励用户和创新者积极使用平台并向平台做出贡献，这样的结果就是生态系统的生长和网络效应的释放，强大的网络效应是平台的重要价值驱动因素，它有可能在竞争平台之间创造出"赢家通吃"的局面。在金融服务平台的发展实践中，网络效应主要有两种：①直接网络效应，也就是当更多的用户加入平台生态系统后，平台用户的价值增加；②间接网络效应，当平台引入新的应用程序时，增加了用户加入平台的价值。这两种网络效应都有正反馈，每当平台生态系统由于新用户或应用程序引起增长时，作为生态系统一部分平台价值就会增加，这也是平台不断吸引新用户和开发人员开发新的应用程序的主要原因。基于同样的原因，平台所有者对平台生态系统进行良好的治理是至关重要的，网络效应如果出现负面的影响，也会对平台和生态系统带来很大的破坏。

从整体上看，平台的规模越大则价值越大，参与者越多则价值越大，这是一个良性的反馈循环。但这也有坏的一面，平台在增长的过程中也会产生市场垄断，特别是在网络效应的加持下，比如，谷歌占全球移动操作系统市场的82%、移动搜索市场的94%，阿里巴巴占我国电子商务交易额的75%，Facebook 在全世界主导了社交平台。波特的五种力量模型没有考虑网络效应及其创造的价值，波特模型认为外部力量是耗散的或者会从企业中提取价值，因此主张建立针对外部力量的竞争壁垒。然而在需求侧经济体中，外部力量是可以增长的，它们能够为平台业务增加价值。供应商和客户的力量，在供给侧的世界中可以视为是一种威胁，但对平台经济而言则是一种资产，因此了解外部力量何时能够在平台生态系统中提取或添加价值是建立平台策略的核心。

由于平台已经影响了客户的行为，金融服务平台在为金融机构提供机遇的同时也提出了挑战，在现阶段客户可感知的或真实的透明度是金融服务平台建立的先决条件，特别是那些需要大量了解社会观点并加以整理的大型金融企业集团。政治定位和社会态度的关系如今已成为每个商业平台战略的关键部分，金融机构要想生产出伟大的产品或提供伟大的服务，首要的是获得客户对产品或对组织的认同，同时金融机构也更有可能通过它们无法控制的因素获得或失去声誉和信誉。大型平台的崛起对其他金融机构来说是一个新的问题，在某些情况下平台可以利用自身的规模和市场价值，以低于传统竞争对手的价格重新设定客户的预期，通过破坏已有的竞争形态而处于市场垄断地位。有两个金融服务领域以外的例子可以对此进行说明，亚马逊在图书市场非常强大，在许多领域都是市场的领导者，它可以决定初级生产者和二级销售商的价格；优步为了抢占传统出租车供应商的市场份额，公开压低当地出租车服务的价格，以便在竞争对手消失后利用垄断地位重新设定价格，事实上这种策略已取得了不同程度的成功。由于平台可能产生市场垄断，世界上有许多国家和地区都在改进对商业平台的监管，但总体上情况不容乐观，不但监管跟不上平台的发展，全球性的平台也很难受到国家的限制，并且平台的规模使它们对许多国家的经济发展至关重要，此外这些大型平台也很少受到传统中那些会给零售商带来不便的因素的影响，比如缴税或以合乎道德的方式对待工人等。与所有市场创新中的监管困境类似，一个硬币有两个面，既要支持新经济的发展以从发展中受益，又要重视监管模式的转变，监管机构也亟须改革以便迎头赶上。

对金融机构来讲，平台带来了重要的新机会，无论是传统金融机构还是金融空间初创企业，不管其规模大小都可能不再需要全国甚至全球的分销网络，有可能连各种形式的广告都不再需要，只需要借助精心策划的消费者意见，就能在社交和金融服务平台上保持强大的品牌和企业形象。对于建立强大的分销和销售网络而言，专注于整体、全站服务的重要性都不如积极、精心策划的公共形象重要。类似金融科技初创企业这样的小型金融企业可以通过建立一个互联网社区与现有的强大互联网社区建立联系而实现全球足迹。与此对应，金融机构的利基市场也将是全国或者是全世界的客户，平台的规模只会受到文化的影响而且不会饱和。特别是对于金融发展还不够充分的发展中国家和金融科技初创企业，这种趋势有着巨大的影响，无论是直接与全国或全球客户的互动，还是与全国或全世界生产商的互动，都得到前所未有的机会和便利条件。与此同时，金融服务平台也在全世界各地帮助企业进行众筹和直接投资，最明显的效果就是发展中国家的生产商的直接营销迅速上升。金融服务平台的发展拓宽了世界各地中小企业的市场和产品视野，尤其是位于迄今为止缺乏发展机会的欠发达地区的企业。

在平台市场条件下，无论是传统金融机构还是金融科技企业都需要改变策略。这是因为波特模型中的五种力量是相对确定和稳定的，传统金融机构非常了解客户和竞争对手，供应商、客户和竞争对手之间的界限是非常容易区分清楚的；但与以往的管道业务不同，在平台业务中，这样以往能够区分的边界随着时间、地理位置甚至是技术的变化而快速移动。因此，金融机构在平台化经营过程中需要考虑的主要因素有以下方面：

（1）生态系统中的力量。平台中的参与者，无论是消费者、生产者还是平台提供者都在为金融企业创造价值，平台必须要更好地满足各方面的需求。平台参与者所承担的新角色可能是增加竞争力的，也可能是消耗竞争力的，需要平台的提供者和管理者仔细甄别，比如，消费者和生产者可以随时进行角色互换，今天用户可以使用金融服务平台提供的服务，第二天他们也可以将资金转移到另外一家金融服务平台上去。此外需要注意的是，当平台的提供者决定与其他平台进行竞争时，由于网络的颠覆和边界的变化，平台的提供者也有可能成为消耗力量，因此平台必须不断鼓励生态系统内的增值活动，监控参与者是有损平台竞争力的。

（2）生态系统施加的力量。传统金融机构的管理者无法想象无关行业的平台可能会带来的竞争，但实际上成功的平台往往会在毫无预兆的情况下大举进军新的领域和完全独立的行业。由于这种形态的转变，一个平台往往可以突然改变现有竞争者的集合，来自成熟平台的竞争对手往往由于所具有的良好网络效应，进而利用与客户的关系很快进入一个新的行业。

（3）对平台业务的专注。传统金融机构的管理者关注的重点是不断增长的销售额，因此金融机构提供的产品、服务以及从中获得的营收和利润是分析的核心成分。但对于金融服务平台而言，重点已经转移到交互方面，平台上生产者和消费者之间的交互产生了价值，交换的单位可能很小，在一些情况下甚至没有资金的流动和易手。对于金融服务平台来讲，生产者和消费者之间互动的数量和相关网络效应是竞争优势的最终来源，因此平台的关键战略目标是强大的前期设计以吸引所预期和需要的参与者，实现正确的交互，也就是所谓的"核心交互"，并形成更强大的网络效应。从现有成功平台的实践经验来看，大多数平台都倾向于使用一种类型的交互来启动平台，使用的关键前提是这种类型的交互能够产生很高的价值，即使一开始数量很少也没有关系。

（4）平台的准入和治理。在传统金融机构的经营世界中，企业竞争战略的核心是设置障碍和建立行业壁垒，对于金融服务平台，虽然防范这种威胁依然很重要，但竞争战略的重心已经转移到消除生产和消费之间的障碍，以及最大限度地创造价值上。为了实现这一目标，金融服务平台的管理人员必须在治理和访问方面做出明智的选择。

（5）平台的发展指标。长期以来，传统金融机构的管理者一直专注于设计一组能够反映企业经营健康状况的指标，比如通过优化流程和开放瓶颈实现增长。在现实经营中一个重要的标准指标就是银行的净收入，它能够跟踪资金流入和流出的利润率，如果一家金融机构推出足够多的服务并获得足够高的利润率，那么，这家银行会获得可观的投资回报率。但在金融科技领域和金融平台化经营条件下，有必要考虑更多的其他指标，特别是在提高核心交互操作和平台业务监控变得至关重要的情况下。就金融科技项目而言，需要考虑的指标主要有交互价值、参与者和匹配质量，比如当借款人在一个贷款服务平台申请贷款，却发现平台没有可用的资金，平台就无法满足消费者的需求这样的交互故障不仅不会形成交互价值，还会直接导致网络效应。因此，一个良性经营的金融服务平台需要不断跟踪生态系统中各个方面参与者的情况，通过信息共享和重复访问等活动增强网络效应；同时也要注意生产者和消费者之间的匹配质量，在需求匹配不佳的情况下，已经形成的网络效应也会被削弱。总的来看，金融服务平台必须充分理解其所在互联网社区的财务价值及其网络效应，经营管理不善的平台往往就是因为负面反馈不断循环造成的网络效应降低了参与者的价值。

实事求是地讲，传统金融机构在转向金融科技和金融服务平台的过程中，并非每一个项目都取得了成功，为什么有些银行会成功而有些银行却失败了，研究这些经验教训是很有意义的，参考 Zhu 和 Furr 时间的研究结论，他们在分析了20 多家试图从产品转向平台的金融机构后，给出了以下一些建议：①从可防御的产品和关键用户群开始，以强大的产品和忠诚的客户作为基础，吸引第三方进入平台；②应用混合商业模式，单纯的产品思维或平台思维都是不足取的，需要将二者结合起来发现创造价值的最佳机会；③推动向平台的快速转换，如果一个平台能够提供足够的新价值，现有客户就有可能会使用该平台，这就要求平台所提供的附加产品、服务能够与品牌保持一致，用户也有机会对产品和平台进行改进；④阻止竞争性模仿，需要考虑创建专有标准和使用排他性合同，设置好竞争障碍，从而使其他竞争对手很难复制从类似产品转向平台的战略。

三、本章小结

平台的出现改变了消费者的行为模式，总的来看，平台不仅改变了人们对产品和服务的看法，也改变了人们与企业的互动方式，最终表现为人们对企业、影响力、网红、信息以及彼此间交互的观念改变，这极大地改变了企业经营和销售的应对方式。同时也应看到，尽管平台已经带来了重大的变化，但这些变化仍处于发展的早期阶段，应用于平台经济中的新技术和平台自身的迭代发展相结合，为下一阶段的进化提供了光明的前景，乐观地估计新的生态系统经济即将到来。因此，将传统业务转变为基于平台的数字银行生态系统能够为金融机构带来很多好处，客户可以很容易地访问适合他们自己情况的个性化产品和服务，包括外部供应商的产品和服务，ICT 技术的进步也使平台能够为客户提供更安全的资金交易环境，无论是资金的生产者还是消费者，他们在金融服务平台上的多种互动都以各自的形式对平台做出了贡献。从本质上看，金融服务平台提供了一种灵活的体系结构，能够以可接受的成本及时与金融基础设施进行接口，这是一种极具想象力的产品、服务和技术解决方案。

平台作为一种新的经济形态和商业模式，需要新的经营策略和领导方式，以往严格控制内部资源的管理技巧并不适用于培育平台所需的生态系统，总的来讲，以下几种解决方案有助于增加平台的综合价值：①使用开发编程接口（API）和先进关键技术，除了使用兼容和互操作的技术外，还必须识别、处理和评估结构化以及非结构化的数据；②将自动化和自学习算法相结合，为客户提供强大的信息消费支持，从而生成新的产品、服务和流程；③在金融服务平台上积极使用人工智能有助于为更有价值的服务提供基础性支持。对于金融科技初创企业而言，创新的平台项目可以很自然地通过外部定位启动，但对于传统的金融机构而言，则必须开发新的核心能力和采纳新的思维方式，以便在现有业务的基础上设计、管理和扩展平台，如何实现这一飞跃，对所有企业来说都是挑战，即使是一些在过去取得巨大成就的传统商业领袖企业在平台化的过程中也表现得步履蹒跚。尽管向平台转型的旅途艰难，但转向平台的新方法有助于解释传统金融机构目前所处的不稳定局面，金融行业的未来，最主要的规则是学习平台经济体系中的新规则和新策略。

参考文献

［1］巴曙松，白海峰．金融科技的发展历程与核心技术应用场景探索［J］．清华金融评论，2016（11）：99－103.

［2］鲍捷．智能金融的破局与金融知识图谱［J］．人工智能，2018（5）：16－23.

［3］曹宇青．金融科技时代下商业银行私人银行业务发展研究［J］．新金融，2017（11）：33－37.

［4］柴瑞娟．监管沙箱的域外经验及其启示［J］．法学，2017（8）：27－40.

［5］陈一洪．城市商业银行零售业务：主要挑战与转型战略［J］．南方金融，2017（6）：81－89.

［6］陈越．商业银行与金融科技发展［J］．中国金融，2019（11）：82－83.

［7］范毓婷，郑子辉，王喻．智能投顾的现状与发展趋势［J］．信息通信技术与政策，2019（6）：67－70.

［8］宫晓林，杨望，曲双石．区块链的技术原理及其在金融领域的应用［J］．国际金融，2017（2）：46－54.

［9］关晶，耿春俐．开放银行的机遇与发展建议［J］．新金融，2019（7）：41－44.

［10］郭田勇，丁潇．普惠金融的国际比较研究——基于银行服务的视角［J］．国际金融研究，2015（2）：55－64.

［11］韩军强．科技金融发展能够提高中国经济增长质量吗？——基于空间

杜宾模型的实证研究 [J]. 科技管理研究, 2019, 39 (14): 42 – 47.

[12] 韩玉军, 邓灵昭. 新形势下我国金融科技发展研究与思考 [J]. 现代管理科学, 2019 (7): 109 – 111.

[13] 贺建清. 金融科技: 发展、影响与监管 [J]. 金融发展研究, 2017 (6): 54 – 61.

[14] 黄涛, 李浩民. 金融供给侧结构性改革: 重点任务与路径选择 [J]. 改革, 2019 (6): 73 – 83.

[15] IMF 课题组, 李丽丽. 金融科技、监管框架与金融服务业的变革 [J]. 新金融, 2017 (10): 8 – 14.

[16] 姜剑涛. 金融科技推动绿色金融创新发展研究 [J]. 经济研究导刊, 2019 (18): 80 – 81.

[17] 李伟. 金融科技发展与监管 [J]. 中国金融, 2017 (8): 14 – 16.

[18] 李文红, 蒋则沈. 金融科技 (FinTech) 发展与监管: 一个监管者的视角 [J]. 金融监管研究, 2017 (3): 1 – 13.

[19] 李文莉, 杨玥捷. 智能投顾的法律风险及监管建议 [J]. 法学, 2017 (8): 15 – 26.

[20] 李燕. 金融科技时代信息安全意识提升之路 [J]. 中国信息安全, 2019 (6): 95 – 98.

[21] 李杨, 程斌琪. "一带一路" 倡议下的金融科技合作体系构建与金融外交升级 [J]. 清华大学学报 (哲学社会科学版), 2018, 33 (5): 113 – 125, 197 – 198.

[22] 李易懋. 大象起舞正当时: Fintech 对小微企业融资的影响研究 [J]. 经济研究导刊, 2019 (17): 132 – 135.

[23] 刘继兵, 李舒谭. 中国金融科技发展路径优化研究 [J]. 西南金融, 2018 (3): 48 – 52.

[24] 刘力, 张哲宇, 何大勇. 金融科技赋能商业银行合规智能化转型策略研究 [J]. 上海金融, 2019 (6): 84 – 87.

[25] 刘伟佳, 马建明. 云视角下农村金融业务连续性服务新模式 [J]. 中国金融电脑, 2019 (7): 38 – 41.

[26] 刘银行. 转型背景下商业银行网点营销与管理模式研究 [J]. 国际金

融，2019（6）：40-47.

[27] 陆岷峰，葛和平．金融科技创新与金融科技监管的适度平衡研究
[J]．农村金融研究，2017（9）：7-12.

[28] 吕达，左奇．银行核心系统分布式数据库实施方案[J]．中国金融电
脑，2019（7）：89-90.

[29] 绿色金融科技赋能，中国平安纳入恒生国指ESG指数[J]．营销界，
2019（26）：4.

[30] 马骏，刘嘉龙，徐稼轩．英国在监管科技领域的探索及对中国的启示
[J]．清华金融评论，2019（5）：37-39.

[31] 潘锡泉．科技型小微企业成长的"困"与"解"：金融科技视角[J]．
当代经济管理，2019，41（9）：87-91.

[32] 皮天雷，刘垚森，吴鸿燕．金融科技：内涵、逻辑与风险监管[J]．
财经科学，2018（9）：16-25.

[33] 沈黎怡，陆岷峰．金融供给侧结构性改革与小微金融业务发展研究
[J]．西南金融，2019（7）：36-43.

[34] 沈伟．金融科技的去中心化和中心化的金融监管——金融创新的规制
逻辑及分析维度[J]．现代法学，2018，40（3）：70-93.

[35] 石光．金融科技"双刃剑"[J]．中国金融，2019（11）：74-76.

[36] 数字化转型：实践与挑战[J]．银行家，2019（7）：28-31.

[37] 粟勤，魏星．金融科技的金融包容效应与创新驱动路径[J]．理论探
索，2017（5）：91-97，103.

[38] 孙国茂．区块链技术的本质特征及其金融领域应用研究[J]．理论学
刊，2017（2）：58-67.

[39] 孙娜．新形势下金融科技对商业银行的影响及对策[J]．宏观经济管
理，2018（4）：72-79.

[40] 唐松，赖晓冰，黄锐．金融科技创新如何影响全要素生产率：促进还
是抑制？——理论分析框架与区域实践[J]．中国软科学，2019（7）：134-
144.

[41] 童藤．金融创新与科技创新的耦合研究[D]．武汉理工大学，2013.

[42] 王广宇，何俊妮．金融科技的未来与责任[J]．南方金融，2017

（3）：14－17.

　　[43] 王宏起，徐玉莲．科技创新与科技金融协同度模型及其应用研究[J]．中国软科学，2012（6）：129－138.

　　[44] 王丽辉．金融科技与中小企业融资的实证分析——基于博弈论的视角[J]．技术经济与管理研究，2017（2）：93－97.

　　[45] 王娜，王在全．金融科技背景下商业银行转型策略研究[J]．现代管理科学，2017（7）：24－26.

　　[46] 王小燕，黄承慧，潘章明，钟雪灵．金融科技助力破解小微企业融资困局[J]．电子科技大学学报（社会科学版），2019，21（4）：13－16.

　　[47] 王雪辰．"一带一路"背景下科技金融支撑战略性新兴产业发展研究[J]．经济研究导刊，2019（18）：85－89.

　　[48] 蔚赵春，徐剑刚．监管科技 RegTech 的理论框架及发展应对[J]．上海金融，2017（10）：63－69.

　　[49] 吴兴，陈淼．商业银行践行 API 开放银行模式的理论分析[J]．北方经贸，2019（8）：106－107.

　　[50] 吴燕妮．金融科技前沿应用的法律挑战与监管——区块链和监管科技的视角[J]．大连理工大学学报（社会科学版），2018，39（3）：78－86.

　　[51] 吴正昌．金融科技赋能农村普惠金融创新发展[J]．经济师，2019（7）：122，125.

　　[52] 夏林峰，李卢霞，龙小彪．全球银行业变迁轨迹及启示[J]．金融纵横，2019（5）：84－88.

　　[53] 谢松燕，薛杨阳．金融科技：发展与监管[J]．清华金融评论，2019（5）：14－15.

　　[54] 谢治春，赵兴庐，刘媛．金融科技发展与商业银行的数字化战略转型[J]．中国软科学，2018（8）：184－192.

　　[55] 许多奇．金融科技的"破坏性创新"本质与监管科技新思路[J]．东方法学，2018（2）：4－13.

　　[56] 严圣阳．我国金融科技发展状况浅析[J]．金融经济，2016（22）：156－158.

　　[57] 杨东．监管科技：金融科技的监管挑战与维度建构[J]．中国社会科

学，2018（5）：69 - 91，205 - 206.

［58］杨松，张永亮. 金融科技监管的路径转换与中国选择［J］. 法学，2017（8）：3 - 14.

［59］杨涛. 警惕金融科技风险［J］. 人民论坛，2019（17）：78 - 79.

［60］杨宇焰. 金融监管科技的实践探索、未来展望与政策建议［J］. 西南金融，2017（11）：22 - 29.

［61］易宪容. 金融科技的内涵、实质及未来发展——基于金融理论的一般性分析［J］. 江海学刊，2017（2）：13 - 20.

［62］于东智，夏小飞. 新时代开放银行建设的思考［J］. 中国金融，2019（11）：19 - 20.

［63］俞勇. 金融科技与金融机构风险管理［J］. 上海金融，2019（7）：73 - 78.

［64］袁康，邓阳立. 道德风险视域下的金融科技应用及其规制——以证券市场为例［J］. 证券市场导报，2019（7）：13 - 19，40.

［65］袁钰坤. 人工智能在证券市场监管中的应用［J］. 信息技术与标准化，2019（5）：15 - 19.

［66］云佳祺. 互联网金融风险管理研究［D］. 中国社会科学院研究生院，2017.

［67］张蔚. 从"相互保"更名事件看保险科技的创新发展及监管问题［J］. 甘肃金融，2019（7）：36 - 41.

［68］中国农业银行青岛分行课题组，宁吉会. 新形势下银行网点转型思路与策略研究［J］. 农银学刊，2019（3）：15 - 19.

［69］中国人民银行广州分行课题组，李思敏. 中美金融科技发展的比较与启示［J］. 南方金融，2017（5）：3 - 9.

［70］周立群，李智华. 区块链在供应链金融的应用［J］. 信息系统工程，2016（7）：49 - 51.

［71］周仲飞，李敬伟. 金融科技背景下金融监管范式的转变［J］. 法学研究，2018，40（5）：3 - 19.

［72］Almquist E, Senior J, Bloch N. The elements of value［J］. Harvard Business Review, 2016, 94（9）：46 - 53.

［73］ Arner D W, Barberis J N, Buckley R P. The evolution of Fintech: A new post – crisis paradigm? ［J］. SSRN Electronic Journal, 2016 (1) .

［74］ Asmundson I, Oner C. Back to Basics: What Is Money? ［J］. Finance & Development, 2012, 49 (3) .

［75］ Auerbach P, Argimon R F, Roland C, Teschke B. Banking on customer centricity: Transforming banks into customer – centric organizations ［R］. McKinsey & Company Review, 2012: 3 – 14.

［76］ Azzopardi M, Cortis D. Implementing automotive telematics for insurance covers of fleets ［J］. Journal of Technology Management & Innovation, 2013, 8 (4): 59 – 67.

［77］ Barbara C, Cortis D, Perotti R, et al. The European insurance industry: A PEST analysis ［J］. International Journal of Financial Studies, 2017, 5 (2): 14.

［78］ Bell D R, Gallino S, Moreno A. How to win in an omnichannel world ［J］. MIT Sloan Management Review, 2016, 56 (1): 1 – 45.

［79］ Boobier T. Analytics for insurance: The real business of Big Data ［M］. New York, NY: Wiley, 2016.

［80］ Carruthers B G. The meanings of money: A sociological perspective ［J］. Theoretical Inquiries in Law, 2010, 11 (1): 51 – 74.

［81］ Chen M C, Chen S S, Yeh H M, Tsaur W G. The key factors influencing internet finances services satisfaction: An empirical study in Taiwan ［J］. American Journal of Industrial and Business Management, 2016, 6 (6): 748 – 762.

［82］ Chiu I H. A new era in FinTech payment innovations? A perspective from the institutions and regulation of payment systems ［J］. Law, Innovation and Technology, 2017, 9 (2): 190 – 234.

［83］ Cui A S, Wu F. Utilizing customer knowledge in innovation: Antecedents and impact of customer involvement on new product performance ［J］. Journal of the Academy of Marketing Science, 2016, 44 (4): 516 – 538.

［84］ Demertzis M, Merler S, Wolff G B. Capital markets union and the Fintech opportunity ［J］. Journal of Financial Regulation, 2018, 4 (1): 157 – 165.

［85］ Dodd N. The social life of money ［M］. Princeton: Princeton University

Press, 2014.

[86] Donnelly M. Payments in the digital market: Evaluating the contribution of Payment Services Directive II [J]. Computer Law & Security Review, 2016, 32 (6): 827 – 839.

[87] Drucker P. The practice of management [M]. New York, NY: Harper-Collins, 1954.

[88] Ernst and Young. Landscaping UK Fintech [R]. UK Trade and Investment, London, 2014.

[89] Gapper J. Alibaba's social credit rating is a risky game [N/OL]. The Financial Times, 2018 – 04 – 27. https: //www. ft. com/content/99165d7a – 1646 – 11e8 – 9376 – 4a6390addb44.

[90] Gawer A. Bridging differing perspectives on technological platforms: Toward an integrative framework [J]. Research Policy, 2014, 43 (7): 1239 – 1249.

[91] Greenbaum S I, Thakor A V, Boot A W. Contemporary financial intermediation [M]. 3rd ed. Amsterdam, The Netherlands: Elsevier Academic Press, 2015.

[92] Gritten A. New insights into consumer confidence in financial services [J]. International Journal of Bank Marketing, 2011, 29 (2): 90 – 106.

[93] Grönroos C, Voima P. Critical service logic: Making sense of value creation and co – creation [J]. Journal of the Academy of Marketing Science, 2013, 41 (2): 133 – 150.

[94] Grüschow R M, Kemper J, Brettel M. How do different payment methods deliver cost and credit efficiency in electronic commerce [J]. Electronic Commerce Research and Applications, 2016 (18): 27 – 36.

[95] Hagiu A, Rothman S. Network effects aren't enough [J]. Harvard Business Review, 2016, 94 (4): 65 – 71.

[96] Hsu C L, Lin J C. An empirical examination of consumer adoption of internet of things services: Network externalities and concern for information privacy perspectives [J]. Computers in Human Behavior, 2016 (62): 516 – 527.

[97] Hu H, Wen Y, Chua T S, Li X. Toward scalable systems for big data analytics: A technology tutorial [J]. IEEE Access, 2014 (2): 652 – 687.

［98］ Karcin K. New factors inducing changes in the retail banking customer relationship management (CRM) and their exploration by the fintech industry ［J］. Foundations of Management, 2016, 8 (1): 69 – 78.

［99］ Keisidou E, Larigiannidis L, Maditinos D L, E I Thalassinos. Customer satisfaction, loyalty and financial performance: A holistic approach of the Greek banking sector ［J］. International Journal of Bank Marketing, 2013, 31 (4): 259 – 288.

［100］ Kim Y H, Park Y J, Choi J. The adoption of mobile payment services for "Fintech" ［J］. International Journal of Applied Engineering Research, 2016, 11 (2): 1058 – 1061.

［101］ King B. Augmented: Life in the smart lane ［M］. Singapore: Marshall Cavendish International (Asia) Pte Ltd. , 2016.

［102］ Klahr R. Cyber security breaches survey ［D］. Doctoral Dissertation, University of Portsmouth, 2016.

［103］ Lamberg H, Närvänen E. Creating market orientation in a professional high – tech organization ［J］. International Journal of Biometrics, 2015, 10 (5): 44.

［104］ Lemma V. The shadow banking system ［M］. London, UK: Palgrave Macmillan, 2016.

［105］ Lopez J C, Babcic S, De La Ossa A. Advice goes virtual: How new digital investment services are changing the wealth management landscape ［J］. Journal of Financial Perspectives, 2015, 3 (3): 156 – 164.

［106］ Malady L, Buckley R P. Building consumer demand for digital financial services: The new regulatory frontier ［J］. Journal of Financial Perspectives, 2015, 3 (3): 122 – 137.

［107］ Mansfield – Devine S. Open banking: Opportunity and danger ［J］. Computer Fraud & Security, 2016 (10): 8 – 13.

［108］ Morabito V. The future of digital business innovation: Trends and practices ［M］. Heidelberg, Germany: Springer Verlag, 2016.

［109］ Nicoletti B. Digital insurance ［M］. London, UK: Palgrave Macmillan, 2016.

［110］ Nicoletti B. Mobile banking ［M］. London, UK: Palgrave Macmillan,

2014.

[111] Nicoletti B. Lean Six Sigrna and digitalize Procurement [J]. International Journal of Lean Six Sigrna, 2013, 4 (2): 184 –203.

[112] Nordrum A. Popular internet of things forecast of 50 billion devices by 2020 is outdated [EB/OL]. IEEE Spectrum, 2016 –08 –18. http: //spectrum. ieee. org/tech – talk/telecorn/internet/popular – intcrnet – of – things – forcast – of –50 – billion – devices – by – 2020 – is – outdated.

[113] Oneill J, Dhareshwar A, Muralidhar S H. Working digital money into a cash economy: The collaborative work of loan payment [C]. Conference on Computer Supported Cooperative Work, 2017, 26 (4): 733 –768.

[114] Orem T. Platforms and partners [J]. ABA Banking Journal, 2016, 108 (4): 32.

[115] Perry M, Ferreira J. Moneywork: Practices of use and social interaction around digital and analog money [J]. ACM Transactions on Computer Human Interaction (TOCHI), 2018, 24 (6): 1 –32.

[116] Porter M E. The Lompetitive Advantage of Nations [M]. New York, NY: The Free Press, 1990.

[117] Rifkin J. The zero marginal cost society: The internet of things, the collaborative commons, and the eclipse of capitalism [M]. London, UK: Palgrave Macmillan, 2014.

[118] Romānova I, Grima S, Spiteri J, et al. The Payment Services Directive II and competitiveness: The perspective of European Fintech Companies [J]. European Research Studies Journal, 2018, 21 (2): 5 –24.

[119] Schlechtendahl J, Keinert M, Kretschmer F, et al. Making existing production systems Industry 4.0 – ready [J]. Production Engineering, 2015, 9 (1): 143 – 148.

[120] Shim Y, Shin D H. Analyzing China's Fintech industry from the perspective of Actor-Network theory [J]. Telecommunications Policy, 2016, 40 (2): 168 – 181.

[121] Simmel G. A chapter in the philosophy of value [M]. 3rd ed. London:

Routledge, 1900.

[122] Staykova K S, Damsgaard J. The race to dominate the mobile payments platform: Entry and expansion strategies [J]. Electronic Commerce Research and Applications, 2015, 14 (5): 319 –330.

[123] Stein P, Ventura A, Tufano P. The future of FinTech: A paradigm shift in small business finance [J]. World Economic Forum, 2015 (10): 1 –35.

[124] Wehinger G. The financial industry in the new regulatory landscape [J]. OECD Journal: Financial Market Trends, 2011 (2): 225 –249.

[125] Yap B. New EU payment services rules spur new regulation in Japan [J]. International Financial Law Review, 2017 (2): 1 –4.

[126] Zelizer V. Economic lives: How cnlture shapes the economy [M]. Princeton: Princeton University Press, 2011.

[127] Zetzsche D A, Buckley R P, Arner D W, et al. Regulating a revolution: From regulatory sandboxes to smart regulation [J]. Fordham Journal Corporate & Financial Law, 2017, 23 (1): 31.

[128] Zhu F, Furr N. Products to platforms: Making the leap [J]. Harvard Business Review, 2016, 94 (4): 72 –78.